Anillos para una dama

ANTONIO GALA

Anillos para una dama

**Edición,
introducción, notas y actividades
de Ana Alcolea**

 Bruño

Director de Ediciones y Producción:
J. Ramírez del Hoyo
Jefe de Publicaciones Generales:
B. Bucher Kempf
Jefe de Producción:
J. Valdepeñas Hernández

Directores de la colección:
Felipe B. Pedraza Jiménez
Julián Moreiro

Diseño:
Pablo Jurado
Cubierta:
Luis Jover

B Bruño

Novena edición

ISBN: 84-216-1472-X
Depósito legal: M-33999-1999
Imprime: Gráficas Rógar, S. A.

Índice

ACTIVIDADES

*A la memoria
de Tomás y de Pepe.*

1. Antonio Gala y su época

1.1. Entorno histórico

Antonio Gala nace en 1936, año en el que estalla la Guerra Civil. España ha recorrido un largo paseo desde entonces. Sus avatares políticos y sociales han sido captados por el ojo analítico y por la aguda pluma del escritor cordobés.

Su madurez literaria, sus primeros estrenos, coinciden con los últimos años de la dictadura franquista. Son tiempos de huelgas estudiantiles, de asambleas sindicales, de inestabilidad y de conflictos sociales. Todo ello se intensifica ante la inminente muerte de Franco. Ésta llega en 1975 y comienza otra dura etapa para España: el camino de transición hacia la democracia. Partidos políticos prohibidos durante la era franquista son legalizados, y comienzan una andadura que culminará en un Parlamento Constitucional.

Libertad se convierte en la palabra más oída y más aplaudida por los españoles de los años 70: se extiende la liberación femenina, el papel de la mujer va a dejar de ser «horizontal y sedente»[1] para convertirse en activo y variado; se liberalizan las relaciones Iglesia-Estado; se instituye la Ley del Divorcio; el centralismo político estatal es sustituido por la España de las Autonomías. España se incorpora a la OTAN y al Mercado Común Europeo. La cerrazón española y el bloqueo económico que comenzó con la posguerra han dado un giro total, y España se integra en Europa, en una Europa cuya fisonomía está cambiando. Una Europa que poco o nada

---

[1]   Antonio Gala: *Texto y pretexto* (Sedmay, Madrid, 1977), pág. 79.

se parece a aquélla en la que nació Antonio Gala en 1936.

1.2. Entorno cultural

En las décadas que anteceden a la producción literaria de Gala, asistimos al nacimiento y al desarrollo de importantes movimientos artísticos, que fueron particularmente notables en el teatro. Son momentos en los que el escritor que lleva dentro Antonio Gala se está gestando.

En el ámbito internacional, Ionesco y Beckett, allá por los años 30 y 40, expresaban en escena su concepción de la vida del hombre: el vacío, la nada y la imposibilidad de redención. Es el «teatro del absurdo» que cristaliza en obras como *La cantante calva*, del rumano Ionesco, y *Esperando a Godot*, del irlandés Samuel Beckett.

Bertolt Brecht, marxista, antinazi y amigo del novelista James Joyce, pretende transformar el mundo desde los escenarios. Considera que el teatro debe ideologizar al público y desde allí lanza su crítica social.

Tras la Segunda Guerra Mundial surge un amplio movimiento filosófico que tiñe de pesimismo las diferentes esferas del arte. Es el «existencialismo», que de la mano de Jean Paul Sartre (*Las moscas*) y de Albert Camus (*Calígula*), ambos franceses, lleva al teatro sus ideas sobre la existencia humana: nada tiene sentido.

Todas estas novedades teatrales apenas tendrán eco en España hasta bien entrada la posguerra. Después de 1939, el público burgués que asiste a las representaciones no quiere que le aseteen con aguijones críticos o desesperanzadores. El espectador español de posguerra quiere divertirse (y para ello tendrá ocasión con reposiciones de Muñoz Seca y estrenos de Arniches,

Quintero, Jardiel y Mihura[2]) y quiere ver el orden burgués reflejado y respetado en el escenario. Es la continuación de la «alta comedia burguesa» en la más pura línea de Benavente, cuyo máximo representante será ahora Alfonso Paso, que estrenará con éxito hasta los años 70.

Pero hay otra línea en el teatro español desde finales de la década de los 40. No todo son comedias fáciles y acríticas. Hay una serie de escritores que tiene problemas con la censura y que escriben desde la oposición al régimen de Franco. Son los llamados «realistas» y su primer representante será Antonio Buero Vallejo, que en 1949 estrena *Historia de una escalera*. Mucho se ha discutido sobre el término «realista» aplicado a estos autores. Habría que matizar en cada caso y hablar de realismo social en Sastre, simbolista en Buero, expresionista en Muñiz...[3] Lo que sí está claro es que todos miran la sociedad española desde otro punto de vista al que lo hace la comedia burguesa, con la que intentan, y consiguen, romper temática y estéticamente.

En estos escritores influye el quehacer dramático de Brecht, Sartre, Camus y de los americanos Tenessee Williams (*Un tranvía llamado deseo*, 1947) y Arthur Miller (*Muerte de un viajante*, 1948). Y no hay que olvidar la influencia que el cine comienza a tener en todas las artes. En este momento, en concreto, el neorrealismo italiano y su cruda visión de la realidad (*Roma, ciudad abierta*, de Rossellini, 1947).

A Antonio Gala se le ha incluido en esta llamada «generación realista», junto a Buero Vallejo, Martín Recuerda, Olmo, Sastre, Muñiz, Gil Novales y otros. Lo que los

---

[2] A Jardiel y a Mihura se les ha visto como precursores del «teatro del absurdo» europeo, pero no hay que olvidar que ambos carecen del elemento crítico que poseen Ionesco o Beckett.

[3] César Oliva: *El teatro desde 1936* (Alhambra, Madrid, 1989), pág. 224.

une, en palabras del escritor y director teatral César Oliva, es «su aparición en el panorama del teatro español con un evidente sentido crítico, distinto del que existía en los años cincuenta y sesenta y partiendo todos de cierta concepción *realista* del teatro»[4]. El propio Antonio Gala considera sobre este punto que es «muy difícil hablar de *generación realista*. Porque ese tamiz teñirá de un tono demasiado característico la dosis de realidad ingerida por cada cual. El realismo será reivindicativo, sensual, reformista, experimental o irónico (...) y primará ese punto de vista: la reivindicación, la reforma, la ironía, la magia...»[5]

1.3. Retrato biográfico. Perfil social y estético

Nace Antonio Gala y Velasco el 2 de octubre de 1936. Vive en Córdoba y se educa en el seno de una familia acomodada, que le ofrece una infancia tranquila y feliz, alejada de la dureza y la crueldad de la Guerra Civil. Su padre es un hombre exigente y rígido que ejerce una gran influencia en su hijo.

En 1951 entra Gala en la Universidad de Sevilla para cursar Derecho. Dos años más tarde comienza a estudiar simultáneamente Filosofía y Letras (especialidad de Historia) y Ciencias Políticas, ambas en Madrid. Se licencia en las tres carreras, en la creencia de que hay que saber muchas cosas para ser escritor. Por estos años ya ha comenzado a escribir y también dirige varias revistas literarias.

Con 21 años prepara oposiciones al Cuerpo de Abogados del Estado, según dictamen paterno. Pero el universo poético y espiritual en el que vive choca con la

---

[4] César Oliva: *El teatro desde 1936*, pág. 233.
[5] Antonio Gala: *Texto y pretexto*, pág. 160.

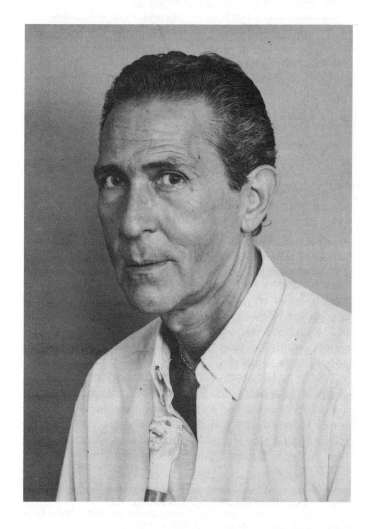

Antonio Gala.

idea de convertirse en funcionario. Sufre una crisis y se retira, refugiándose en una cartuja de Jerez.

Entre 1959 y 1962, ya recobrado, realiza diversos trabajos: albañil, camarero, profesor en varios colegios... Recibe el accésit al premio Adonais de poesía por *Enemigo íntimo*, su libro de poemas. Comienza a escribir colaboraciones periodísticas, dirige una galería de arte en Italia, etcétera.

Y llegamos a 1963, año muy importante en su vida: muere su padre, lo que le lleva a una profunda depresión, y estrena *Los verdes campos del Edén*, que había sido galardonada con el premio nacional Calderón de la Barca.

Había nacido un autor teatral, representativo de su época; como dice César Oliva, «la sociedad reclama cada dos o tres décadas un dramaturgo que la represente. El de los ochenta es Gala»[6].

Maruja Torres, periodista, dice de él que es «alguien a quien escuchar»[7]. El gran orador, comunicador, que es Gala ha provocado pasiones que van desde la veneración hasta el vituperio. Ha sido atacado desde la derecha en los primeros tiempos de la transición democrática, y acusado por algunos sectores izquierdistas de ser representante del teatro burgués y de hacer demasiadas concesiones al público.

Se le ha achacado falta de innovación técnica en sus obras. A este respecto, él opina que las técnicas teatrales de vanguardia son medios y no fines en sí mismas[8]. Su concepción del teatro es eminentemente verbal: la palabra tiene poder creador absoluto en el arte dramático de Gala; de ahí que se oponga a algunas tenden-

---

[6]   César Oliva: *El teatro desde 1936*, pág. 328.
[7]   Maruja Torres: «Antonio Gala reivindica su pasión por el idioma y por las palabras nuevas» *(El País,* 8-9-82).
[8]   *Primer acto*, núms. 170-171 (Madrid, 1974), pág. 26.

cias teatrales actuales[9], en las que predominan el lenguaje gestual y el escenográfico.

Su teatro pretende ser comunicativo y educador, al igual que el de García Lorca. No quiere que el teatro sea meramente lúdico, sino que subyazca en él una ideología. En este sentido, Gala pretende explicar la historia presente desde el escenario. Para ello se sirve a veces de la Historia, del ayer, para llegar simbólicamente al hoy, al mañana. Pero, ¿cómo conseguirlo? Su modo de captar al espectador y al lector es llegando directamente a su espíritu, a su sensibilidad. De ahí que, en palabras de Juan Cueto, «transforme la realidad en sentimientos»[10]. Gala no escribe sobre la realidad sin más, sino sobre una realidad tamizada por su mundo sentimental. Es así como logra llegar a los mundos sentimentales de los otros, a la «calidad minoritaria de la mayoría», como él mismo confiesa[11].

Lo social y lo poético se funden en la obra literaria de Antonio Gala. Tanto sus artículos periodísticos como su teatro así lo atestiguan. Siempre desde la belleza de un lenguaje retórico y cercano a la vez, los grandes temas sociales brotan de sus creaciones. Y como adalid de todos ellos, la libertad. Refleja Gala en sus escritos las sensaciones que esa voz producía a los españoles que en los años 70 afrontaban la dura transición de la dictadura a la democracia, llena de interrogantes y de dudas. Esa nueva libertad provocaba deseo y temor a un tiempo. Dicotomía que se refleja en su *Trilogía de la libertad* (*Petra Regalada*, 1980; *La vieja señorita del Paraíso*, 1980, y *El cementerio de los pájaros*, 1982).

---

[9]   Andrés Amorós: Introducción a *Los buenos días perdidos* y *Anillos para una dama* (Castalia, Madrid, 1987), pág. 26.

[10]   Juan Cueto: Introducción a *En propia mano,* de Antonio Gala (Espasa-Calpe, Madrid, 1983), pág. 20.

[11]   Antonio Gala: *En propia mano*, pág. 212.

15

Es su anhelo que los «nuevos españoles» de la democracia sean en verdad «españoles nuevos: curiosos, admirativos, capaces de sorpresa y de ilusión y de entusiasmo. Capaces de mandar a tomar viento a la espada del Cid y de soltar al viento —al viento libre— su carcajada histórica»[12]. Pero esa capacidad habrá de venir de dentro: hay que buscarla dentro de nosotros mismos, no en el exterior, lo contrario supondrá sucumbir o morir, como en *Los buenos días perdidos* (1972) o en *Samarkanda* (1985).

Él opta por una sociedad no consumista, en la que no se premie el éxito y el poder. Aboga por un mundo pacifista, cuyos valores morales sean el amor y la vida, y no la competitividad y la destrucción. En uno de sus artículos afirma: «Lo que más odio en este mundo —acaso lo único que odio—, porque no lo comprendo, es la sinrazón»[13]. Esta actitud la confirman también las protagonistas de *Noviembre y un poco de hierba* (1967) y de *Anillos para una dama* (1973).

Vida, amor, libertad... Éstos son los grandes temas de la escritura de Antonio Gala, sus «grandes palabras». Palabras que se alzan con una voz inundada de fuerza y de hondura en *Anillos para una dama*.

---

[12] Antonio Gala: *En propia mano*, pág. 352.
[13] Antonio Gala: *En propia mano*, pág. 93.

2. Cronología

Acontecimientos históricos y culturales	Vida y obra de Antonio Gala
1936	
Estalla la Guerra Civil española.	Nace Antonio Gala.
1941	
Préstamo de Gran Bretaña a España. Convenio con Alemania para emigrantes. Alberti publica *Entre el clavel y la espada*.	Ingresa en los Hermanos Maristas de Córdoba.
1950	
Crédito de Estados Unidos a España.	Muere su hermano mayor.
1951	
Nuevo crédito de Estados Unidos a España. Cela publica *La colmena*. Muere Pedro Salinas en el exilio.	Entra en la Universidad de Sevilla mucho antes de la edad habitual.
1951-1957	
Grave crisis económica española en el 56. Huelgas universitarias. Detenido Dionisio Ridruejo (1956). El mismo año se otorga el Nobel a Juan Ramón Jiménez. Muere Pío Baroja.	Se licencia en Filosofía y Letras (Historia), Ciencias Políticas y Derecho.
1958	
España se incorpora a organizaciones internacionales. Nuevas huelgas estudiantiles. Muere Juan Ramón Jiménez en el exilio.	Prepara oposiciones al Cuerpo de Abogados del Estado. Entra en crisis y se retira a la Cartuja de Nuestra Señora de la Defensión de Jerez.

17

Acontecimientos históricos y culturales	Vida y obra de Antonio Gala
1959	
Ley de Orden Público. Eisenhower, presidente de Estados Unidos, visita España. Severo Ochoa obtiene el Nobel de Medicina. Comienza a publicar Juan Goytisolo.	Recibe el accésit del premio Adonais de poesía por *Enemigo íntimo*. Trabaja como profesor de Filosofía e Historia del Arte en diversos colegios de Madrid.
1960	
Franco se entrevista con don Juan de Borbón. Blas de Otero publica *En castellano*.	Dirige el Instituto «Vox» de Cultura e Idiomas y una galería de Arte.
1961-1962	
Huelgas en la industria y la minería. Apertura de España hacia la CEE. La película *Viridiana,* de Buñuel, es censurada en España pese a sus premios internacionales.	Vive un año en Florencia (Italia) donde dirige la galería de arte «La Borghese».
1963	
Se aprueba el I Plan de Desarrollo. Nueva época de *Revista de Occidente*. Aranguren publica *Ética y política*. Muere Luis Cernuda.	Muere su padre. Estrena *Los verdes campos del Edén,* que está un año en cartel antes de ir a América.
1965	
Asambleas y manifestaciones estudiantiles apoyadas por profesores. Se expulsa de sus cátedras a Tierno Galván, Aranguren y García Calvo. Continúa la conflicti-	Premio Ciudad de Barcelona por *Los verdes campos del Edén*. Publica poemas y ensayos.

Acontecimientos históricos y culturales	Vida y obra de Antonio Gala
1965	
vidad social. Ángel González publica *Palabra sobre palabra*.	
1966	
Nueva Ley de Prensa e Información. Huelgas universitarias. Cierre de la Universidad de Barcelona. Juan Goytisolo publica *Señas de identidad* y Juan Marsé *Últimas tardes con Teresa*.	Estrena *El sol en el hormiguero*. Escribe *Sonetos de la Zubia*.
1967	
Huelgas estudiantiles. Carrero Blanco es nombrado vicepresidente del Gobierno. Delibes escribe *Cinco horas con Mario* y Buero Vallejo *El tragaluz*.	Es profesor en la Universidad de Indiana (USA). Estrena *Noviembre y un poco de hierba*.
1968	
Mayo del 68 en Francia. Creación de Universidades Autónomas en Madrid, Barcelona y Bilbao. Juan Benet publica *Volverás a Región*.	Prepara adaptaciones de obras de Shakespeare para RTVE. Colabora en guiones cinematográficos que dirige Mario Camus.
1969	
Se aprueba el II Plan de Desarrollo. Estado de excepción en toda España. Las Cortes designan al príncipe Juan Carlos como sucesor del Jefe del Estado con la dignidad de rey.	Sigue escribiendo guiones para cine y para televisión.
1970	
Convenio de España con la CEE. Ley de Educación.	Continúa escribiendo guiones. Estrena *Spain's Strip Tease*.

19

Acontecimientos históricos y culturales	Vida y obra de Antonio Gala
1970	
Castellet publica su antología de *Nueve novísimos poetas españoles.*	
1971	
Se suspende el semanario *Triunfo* y se cierra el diario *Madrid.* Asamblea de obispos y sacerdotes. José Carlos Mainer publica *Falange y literatura.*	*Spain's Strip Tease* recibe el premio Foro Teatral.
1972	
Se aprueba el III Plan de Desarrollo. Agitaciones universitarias e industriales. Francisco Umbral publica *Historia de un niño de derechas.*	Estrena *Los buenos días perdidos.* Escribe para RTVE la serie *Si las piedras hablaran.*
1973	
Por vez primera se separa la Jefatura del Estado de la del Gobierno, que recae en Carrero Blanco. Carrero Blanco es asesinado en Madrid en un atentado terrorista. Carlos Saura dirige *Ana y los lobos.* Mueren Pablo Picasso y Pablo Casals.	*Si las piedras hablaran* obtiene el premio Quijote de Oro, el Antena de Oro y el Nacional de Guiones. Comienza a publicar en *Sábado Gráfico* la serie *Texto y pretexto,* que durará cinco años. Sufre una gravísima intervención por perforación de duodeno. Estrena *Anillos para una dama,* por la que obtiene el premio del Espectador y la Crítica, entre otros muchos.
1974	
La crisis mundial del petróleo llega a incidir en España. Se establece la «selectividad» para ingresar en la Universidad.	Se repone *Los buenos días perdidos* y *Anillos para una dama.* Estrena *Las cítaras colgadas de los árboles.*

Acontecimientos históricos y culturales	Vida y obra de Antonio Gala
1975	
Atentados terroristas. Ejecución de cinco militantes de ETA y el FRAP. Tras una dolorosa agonía, muere Franco. Eduardo Mendoza publica *La verdad sobre el caso Savolta*. Jaime Gil de Biedma publica *Las personas del verbo*.	Estrena *¿Por qué corres, Ulises?* Escribe *Carmen Carmen*, musical con partitura de Antón García Abril, que no verá la luz hasta años después.
1976	
Ley del Derecho de Reunión. Declaración del Frente de Liberación de la Mujer. Aranguren y Tierno Galván vuelven a la Universidad. Adolfo Suárez es nombrado presidente del Gobierno.	Nueva serie para TVE: *Paisaje con figuras*. Tras un polémico artículo en *Sábado Gráfico*, es amenazado de muerte. *¡Suerte, campeón!*, que debía haber sido estrenada en 1973, es autorizada por la censura, pero Gala se niega a estrenarla.
1977-78	
Se legaliza el Partido Comunista de España. Vuelve Alberti del exilio. Un referéndum aprueba la Constitución Española. Muere Alfonso Paso.	Escribe artículos periodísticos en *Sábado Gráfico* y en *El País*.
1979	
Elecciones generales ganadas por UCD. Estatutos autonómicos. Se estrena *Los baños de Argel*, de Cervantes, en una versión de Francisco Nieva.	Comienza en *El País* la serie de artículos *Charlas con Troylo*. Su interlocutor es su fiel y buen amigo *Troylo*, su perro.
1980	
Mueren Jean Paul Sartre, Alfred Hitchcock y John	Estrena *Petra Regalada* y *La vieja señorita del Paraíso*.

21

Acontecimientos históricos y culturales	Vida y obra de Antonio Gala
1980	
Lennon. Éxitos del grupo teatral *Els Joglars*.	Muere *Troylo*. Inicia otra serie en *El País*, titulada *En propia mano*.
1981	
Dimite Suárez como presidente del Gobierno. Golpe de Estado el 23 de febrero. Ley del Divorcio en España. España ingresa en la OTAN.	Se estrena *Anillos para una dama* en Nueva York. Premio Sambrasil a *Petra Regalada*.
1982	
Elecciones generales: gana el PSOE. Felipe González es presidente del Gobierno. España alberga el Campeonato Mundial de Fútbol.	Estrena *El cementerio de los pájaros,* que culmina la *Trilogía de la libertad*.
1983	
Manifestaciones anti-OTAN. Despenalización del aborto terapéutico.	Sigue escribiendo en *El País*.
1985	
Gorbachov es nombrado secretario general del PCUS en la Unión Soviética. Comienza una época de cambios en Europa. Juan Goytisolo publica *Coto vedado* y Julio Llamazares *Luna de lobos*.	Estrena *Samarkanda* y *El hotelito*.
1986	
España ingresa en la CEE. Referéndum: sí a la OTAN. Mueren Tierno Galván, Olof Palme y Borges.	Escribe artículos en *El País*: *Cuadernos de la Dama de Otoño*.
1987	
Antonio Muñoz Molina publica *El invierno en Lisboa*.	Estrena *Séneca o el beneficio de la duda*.

Acontecimientos históricos y culturales	Vida y obra de Antonio Gala
1988	
Julio Llamazares publica *La lluvia amarilla*.	Se estrena *Carmen Carmen*. Comienza otra entrega en *El País: La soledad sonora*.
1989	
Elecciones generales: gana el PSOE. Luis Landero publica *Juegos de la edad tardía*.	Se estrena la ópera *Cristóbal Colón*, con libreto de Antonio Gala.
1990	
Cae el muro de Berlín. Cambios políticos y sociales en Europa. Camilo José Cela obtiene el Premio Nobel de Literatura.	Continúa escribiendo en *El País La soledad sonora*. Obtiene el Premio Planeta por su primera novela *El manuscrito carmesí*.
1991	
Se celebra la Conferencia de Paz sobre el problema palestino-israelí en Madrid.	Publica en su volumen *Cuaderno de la Dama de Otoño*, los artículos de *La soledad sonora*.
1992	
Juegos Olímpicos de Barcelona. Expo de Sevilla. Madrid, capital cultural de Europa. Comienza la guerra en Bosnia.	Inicia la colección *Cartas a quien conmigo va* en el diario *El País*.
1993	
Crisis económica en Europa y España.	Publica *El águila bicéfala* y *La pasión turca*.
1994	
Ampliación de la Unión Europea con Austria, Suecia y Finlandia. Rusia invade Chechenia.	Publica *Andaluz* y estrena *Los bellos durmientes*.

3. Análisis de «Anillos para una dama»

3.1. La obra en la trayectoria literaria del autor

Anillos para una dama se estrena en 1973. Para entonces, Antonio Gala ya es un conocido dramaturgo cuyas obras han sido repetidamente premiadas. Una de sus creaciones para televisión, *Si las piedras hablaran*, acaba de obtener un premio cuando ve la luz nuestra obra.

Esta nueva producción presenta un tema que ya le ha servido de pretexto para otras composiciones y que reaparecerá a lo largo de su quehacer dramático: el conflicto entre la libertad del individuo y la sociedad que la coarta. La imposibilidad del género humano para ser completamente libre ya aparecía en *Los buenos días perdidos* o *Noviembre y un poco de hierba*; más adelante se repetirá en *Petra Regalada* o *Carmen Carmen*. *Anillos* no es, pues, una producción aislada en el universo de Gala, sino que en ella confluyen algunos de los rasgos más representativos de su literatura. Además del deseo de libertad, hay otros temas que retomará en otras obras: la Historia de España como pretexto para contar una vida íntima *(Las cítaras colgadas de los árboles)*, la esposa del héroe *(¿Por qué corres, Ulises?)*...

No hay que olvidar que la obra fue escrita en 1973. Sobre las circunstancias de su nacimiento, el propio autor cuenta[14] que la anécdota que dio pie a su concepción fue la segunda boda de Jacqueline Bouvier, por entonces viuda del asesinado presidente norteamericano John Kennedy: la viuda de un mito que quiere rehacer su vida con otro hombre. A Gala le pareció un asunto

[14] Antonio Gala: *Texto y pretexto*, pág. 276.

Cartel de una representación de *Anillos para una dama.*

dramatizable, y empezó a buscar la protagonista de lo que todavía era una idea. La elegida fue Jimena, la viuda del Cid, y la idea se convirtió en *Anillos para una dama*.

El deseo de libertad que subyace en toda la obra podía tener una lectura en clave para los espectadores y críticos de 1973, fecha en que la muerte del anciano dictador Francisco Franco se veía como inminente. De este modo, Jimena sería el símbolo futuro de una España que a la muerte de Franco (simbolizado en el Cid) pretende caminar sola. Así lo entiende Hazel Cazorla[15] y el propio autor[16]. De hecho, los comentarios de Gala en el periódico *ABC* antes del estreno así lo sugieren: «¿Qué sucede en un pueblo cuando la muerte le arrebata a quien le guía? ¿Se tolerará a los que le rodeaban apearse del pedestal que con él compartieron? ¿Qué será de Jimena sin el Cid?»[17]

Gran parte de la crítica ha visto en *Anillos* una visión desmitificadora de las figuras del Cid y doña Jimena. Más bien, lo que Gala presenta es lo cotidiano de los héroes, sus personas de carne y hueso, y no el mito de bronce y mármol, por utilizar sus propias palabras[18]. El héroe queda desmitificado solamente en tanto en cuanto se le extrae de su condición de mito para humanizarlo. A Gala le interesa estudiar a la persona, no a su reflejo en el espejo de la Historia.

3.2. Contenido y tema

Anillos para una dama presenta a Jimena Díaz dos

---

[15] Hazel Cazorla: «Antonio Gala y la desmitificación de España: los valores alegóricos de *Anillos para una dama*.», en *Estreno*, IV, 2 (1978), págs. 13-15.

[16] Antonio Gala: *En propia mano*, pág. 292.

[17] *ABC* (28-9-73).

[18] Antonio Gala: *Texto y pretexto*, pág. 276.

años después de la muerte del Cid, su esposo. La acción se sitúa en Valencia, ciudad que Rodrigo Díaz de Vivar había conquistado y de la que ella es dueña y señora. En estas circunstancias, van a desarrollarse dos tramas paralelas que tienen un mismo significado en su desenlace:

a) Trama histórica: los almorávides sitian Valencia; Jimena pide ayuda a Alfonso VI, pero sus tropas no pueden resistir los ataques musulmanes y todos se ven obligados a abandonar la ciudad[19].

b) Trama individual: Jimena quiere rehacer su vida y se confiesa enamorada de Minaya Álvar Háñez, pero deberá renunciar a su amor, porque entra en conflicto con lo que la Historia pide de ella.

El abandono del sueño, del ideal (Valencia y Minaya), es el tema común a ambas acciones: la Historia y Jimena han de renunciar a sus deseos.

Jimena tiene un papel en la vida que le ha sido otorgado por la Historia: primero, el de esposa de un héroe que vive para el ejército y se despreocupa de su vida familiar; después, el de su viuda resignada para que su mito se mantenga. Son los dos anillos que lleva en su mano y que dan título a la obra. Pero Jimena se rebela, quiere salirse de la Historia para vivir su propia historia,

---

[19] Estos hechos están basados en la realidad histórica: el Cid había conquistado Valencia en 1094. A su muerte, Jimena hubo de luchar para sostenerla. No pudiendo soportar la presión almorávide, en 1101 pidió ayuda al rey de Castilla y León, Alfonso VI, que vino en su socorro. Nada se pudo hacer ante las fuerzas hostiles y en 1102 se produjo el abandono de Valencia: Jimena volvió a San Pedro de Cardeña hasta su muerte, y Valencia no volvió a ser reconquistada definitivamente hasta 1238, año en que Jaime I el Conquistador la incorporó a la Corona de Aragón.

quiere ser ella misma. Libertad individual frente a deber histórico: éste es el tema básico que plantea la obra.

Antonio Gala ha utilizado un fondo histórico concreto para contar una historia humana universal: la de una mujer frustrada a la que no han dejado ser libre y que quiere romper con su pasado. Utiliza la Historia de España como pretexto para contar una vida íntima, que puede ser la de cualquier ser humano insatisfecho en cualquier época y en cualquier lugar. Como dice Andrés Amorós, «no es teatro histórico lo que él quiere escribir, sino teatro actual de referencia histórica»[20]. Esa universalidad la va a conseguir temáticamente al elegir la historia «real, cotidiana»[21] de sus personajes. De ahí que nos presente unos hechos vividos en familia: la madre viuda que se quiere volver a casar, la hija que no la comprende, el jefe del clan familiar que se opone, y la Historia de España como fondo.

Ambos mundos, el individual y el histórico, van a entrar en conflicto en Jimena, creándose una «tensión entre el personaje dramático y la persona histórica»[22].

Jimena no puede salirse de la Historia, no puede ser ella misma. De ello se encargan los poderes establecidos por la tradición: la Iglesia, personificada en el obispo Jerónimo, y el Ejército, simbolizado en Alfonso VI. Este tema, que subyace en toda la obra, no hace sino reflejar una idea que Gala repite en otras composiciones, y que teoriza en un artículo de *En propia mano* cuando dice, refiriéndose a Ejército e Iglesia: «y entre uno y otro poder se balancea España. Entre los guerreros y los sa-

---

[20] Andrés Amorós: Introducción a *Los buenos días perdidos* y *Anillos para una dama*, pág. 76.

[21] Andrés Amorós: Introducción a *Los buenos días perdidos* y *Anillos para una dama*, pág. 99.

[22] Francisco López Estrada: «El drama de Antonio Gala sobre la Jimena del Cid», en *Pliegos de cordel* (Instituto Español de Cultura, Roma, 1983), págs. 31-49.

cerdotes, tirándonos cada uno de una manga, no nos dejan crear, ni pensar, ni trabajar, ni vivir»[23].

Esta opinión queda patente en Jimena, subyugada por el rey con el consentimiento del obispo de Valencia. Ambos valores tradicionales contrastan con aquello a lo que Jimena sí da valor: la vida, el amor. Los dos poderes, el religioso y el político, impiden la felicidad de Jimena y del ser humano en general. Ella misma afirma en *Anillos*:

> Y sin la vida no hay ni Dios ni patria... Si ese Dios y esa patria no nos hacen felices, ¿de qué nos sirven? (390)*

Frente a ambas fuerzas, Jimena se rebela y expone su gran palabra: amor. El objeto de este amor, Minaya, está resignado con el papel que le ha tocado en la Historia: ser el segundón del Cid en la guerra y en el amor. Es valiente con los moros, pero cobarde con Jimena porque no es capaz de romper sus lazos con Alfonso ni con el fantasma del Cid, que pesa sobre él hasta el punto de hacerle renunciar a su gran historia de amor.

Jimena se queda sola, impotente para luchar contra la Historia sin el apoyo de Minaya, que se retira porque él sí cree en el pasado. Sólo Jimena vive en el presente y piensa en un futuro de verdad. Los demás tienen sus ojos vueltos al pasado y se contemplan en el espectro del Cid, al que necesitan para seguir viviendo y para que las cosas sigan como están. Y dentro del mito del Cid y su permanencia se incluye una Jimena dócil, viuda desconsolada que vele eternamente la memoria de Rodrigo.

Jimena asumirá al final de la obra su papel histórico. Se resigna a no seguir luchando, a ser la viuda del mito para que éste siga existiendo en la memoria de la

---

[23] Antonio Gala: *En propia mano*, pág. 103.

* En este caso y en lo sucesivo, se señala entre paréntesis el número de la réplica o parlamento del personaje.

Historia. Carolyn Harris lo considera un desenlace pesimista porque Jimena acaba reconociendo que no se puede desechar al mito ni olvidar el pasado[24]. Pero Jimena acepta la carga en soledad, ya no le hace falta nadie para seguir viviendo: ha aprendido que es ella, sola, la que debe vivir, sin soñar sueños en los que intervengan otros. Minaya, su último deseo, también la ha defraudado. Ahora Jimena tendrá que caminar sola:

> ¡Sola! ¡Dejadme sola! ¡Lo que tengo que hacer de ahora en adelante lo puedo hacer yo sola! (477)

3.3. Estructura

Anillos para una dama presenta dos partes que vendrían a coincidir con los actos del teatro convencional.

PRIMERA PARTE: Comienza en la Iglesia Mayor de Valencia, durante una misa por el alma del Cid, muerto dos años antes. A continuación se pasa a la cámara de Jimena en el alcázar de Valencia, donde se desarrollarán los hechos hasta el final del drama.

En esta parte tiene lugar la primera entrevista de Jimena con Minaya. Será ella quien lleve la iniciativa en todo momento, reconociendo su amor por el lugarteniente del Cid. Él mostrará siempre una actitud pasiva, resignada. Minaya se marcha y la acotación nos hace ver que cambia la acción: ruido de batalla y la voz de Jimena que arenga a las tropas. Los hechos obligan a la viuda del Cid a llamar al rey Alfonso en su ayuda. Cuando llega, Jimena le pide permiso para casarse por amor, a lo que él se niega.

La primera parte acaba con la doble tensión latente en toda la obra:

---

[24]   Carolyn Harris: *El teatro de Antonio Gala* (Zocover, Toledo, 1986), pág. 217.

a) Histórica: las hordas almorávides atacan.

b) Individual: el amor confesado públicamente por Jimena.

Ambos se confunden en el símbolo sonoro:

— Los tambores de la guerra llaman a la puerta de la Historia, y Alfonso y los demás deben acudir a su cita.

— Los latidos del corazón de Jimena reclaman la atención sobre su persona, sobre sus sentimientos, ajenos a la Historia:

> No es que la Historia esté llamando a la puerta, rey Alfonso; lo que tú oyes son los latidos de mi corazón. (288)

Esta primera parte muestra a una Jimena rebelde, que grita a Alfonso su amor y que está esperanzada todavía ante Minaya, en cuyo abrazo se refugia antes de que baje el telón.

SEGUNDA PARTE: Aparece Jimena en su cámara del alcázar valenciano. El rey la retiene allí para que «recapacite» sobre su deseo de casarse por amor. Alfonso le tiende una trampa para atraparla en actitud cariñosa con Minaya, pero no lo consigue. Una nueva entrevista con Álvar Háñez cierra su idilio malogrado antes de nacer, y éste alude al momento en que ambos, en una vida más allá, puedan unirse. Jimena, roto ya su sueño, se resigna a su papel de viuda del Cid.

También el final de esta parte termina con la doble tensión de que hablábamos antes, pero ahora ya no queda lugar para la esperanza:

a) Histórica: si la primera parte finalizaba con el deseo de vencer la batalla a los almorávides, la segunda concluye con el abandono y la destrucción de Valencia.

31

b) Individual: Jimena, sin el amor de Minaya, cuya ilusión la alimentaba en la rebelión, vuelve a ser la viuda llorosa del Cid.

Ambos actos presentan una estructuración paralela, si tenemos en cuenta las conversaciones de Jimena con los demás personajes: Jimena dialoga primero con Constanza, que supone la frescura amatoria que le anima en su propósito. A continuación es María quien aparece y contrarresta los ardores amatorios de su madre. Después Minaya y la escena de amor, para terminar con Alfonso, símbolo inexpugnable de la Historia, cuya presencia cierra ambas partes, cortando los deseos de libertad de Jimena.

El tiempo y el espacio no vienen señalados por la división externa de la obra, sino que serán las acotaciones del autor las que marquen las diferentes situaciones. Una obra de teatro no es sólo palabra, sino también puesta en escena: el lenguaje gestual y escenográfico cobran una importancia relevante. En *Anillos para una dama*, Antonio Gala juega con las luces para recrear los diferentes ambientes que se dan cita y para indicar el paso del tiempo.

En la primera parte hay dos cambios:

a) Cambio de lugar: la primera escena tiene lugar en la Iglesia Mayor y la segunda en la habitación de Jimena. ¿Cómo se reconoce este cambio? El decorado no ha variado y tampoco ha bajado el telón. Será la luz, que se concentra exclusivamente en los personajes de Jimena y Constanza, la que disponga la atención sobre ellas. Cuando se haga la luz total ya nos encontraremos en un lugar distinto: una cámara del castillo. (14)

Representación de la sociedad feudal.

b) Cambio de tiempo: Minaya se ha ido y se oye la voz de Jimena animando a sus soldados. Ha pasado el tiempo, Alfonso ya ha sido avisado y está en Valencia. El intervalo se va a apuntar mediante un escenario vacío desde el que se escuchan «ruido de armas, órdenes, preparativos bélicos». (187)

La segunda parte ofrece un cambio temporal, también señalado por las acotaciones: Jimena y Alfonso han dialogado y éste se ha negado a la petición de Jimena. A continuación, la protagonista se levanta despeinada y Constanza le informa sobre la batalla: ya es de noche. ¿Cómo conocemos esta transición? Se nos indica que la luz ha bajado y comienzan de nuevo los ruidos de la batalla. Ambos signos y el cabello despeinado de Jimena muestran ese paso del tiempo. (404)

3.4. Estudio de los personajes

JIMENA: Es, sin duda, el personaje mejor estudiado psicológicamente en la obra. Los demás giran a su alrededor, representando los diferentes aspectos de la sociedad a los que Jimena tiene que enfrentarse para hacer valer su individualidad. Para estudiar la Jimena de Antonio Gala hay que tener en cuenta:

a) La persona histórica, real.

b) El personaje literario del *Cantar de Mio Cid.*

c) El personaje literario de *Anillos para una dama.*

De la Jimena Díaz histórica pocas cosas sabemos: fue una dama de la nobleza asturiana, nieta de Alfonso V de León y sobrina de Alfonso VI, quien la casó en 1074 con el Cid, a quien quería otorgar un matrimonio honorable. Los problemas que llegaron después entre el monarca y Rodrigo Díaz recluyeron a Jimena en el monasterio de San Pedro de Cardeña desde 1087. Ya durante la conquista de Levante pudo reunirse con su marido en Denia en 1094. Tras la muerte del Cid, se quedó como señora de Valencia y mantuvo su defensa frente a los almorávides entre 1099 y 1101. Tuvo que abandonar Valencia en 1102, retirándose a Cardeña hasta su muerte, en 1104 ó 1113, según las diferentes fuentes.

Nada dice la historia sobre su personalidad. El anónimo autor del *Cantar de Mio Cid* omite comentarios sobre su noble linaje y la dibuja como una esposa fiel que pacientemente espera los regresos de su esposo en Cardeña. La retrata como una mujer llorosa ante las ausencias del Cid:

> Ant'el Campeador doña Ximena fincó los inojos amos[25],
> lorava de los ojos, quisol besar las manos. (v. v. 264-265)

Esposa sumisa cuya única función en el *Cantar* es la de resaltar la figura heroica del Cid.

Lo que hace Antonio Gala en *Anillos para una dama* es rescatar al personaje de su encorsetamiento histórico, sacarla de la Historia, con mayúsculas, y estudiarla como persona individual. Para ello, imagina una frustración como esposa pasiva de Rodrigo y un sentimiento amoroso por Minaya Álvar Háñez.

Como ya hemos dicho, Jimena se rebela ante el papel que la vida le ha dado y pretende ser ella misma:

> Que me dejen salirme de la Historia, Dios mío, y esconderme en el último rincón... No pido nada a nadie. Que se olviden de mí es lo que pido y me consientan ser yo una vez siquiera. (327)

---

[25] *Fincó los inojos amos*: se arrodilló.

No es una Jimena con mentalidad de esposa medieval la que presenta Gala, sino que es una mujer de nuestros días que se ha dado cuenta de que de nada sirve vivir si no se vive plenamente y según la propia voluntad. Ella es consciente de que ha vivido una vida que no le gusta: a los catorce años la casaron con un hombre al que no conocía y al que apenas vio en sus años de matrimonio. Ha sido abocada a una vida que no ha elegido y que no siente como suya; por eso afirma:

> Me han prestado esta vida que no me gusta. Se han llevado la mía. Cuando su dueño venga a recogerla, se la daré encantada y le diré: «Te la devuelvo igual que me la diste. No la he usado nunca. Ni un día la he usado.» (41)

Simboliza Jimena, como dice Carolyn Harris, «la frustración del ser humano que se ve forzado a vivir sin libertad y, por lo tanto, sin poder rebelarse ni amar plenamente»[26].

Esta mujer que ha vivido en su propia carne lo que es no vivir con plenitud, anima a su hija María con una exhortación que recoge toda la tradición horaciana del *carpe diem*:

> Diviértete. Disfruta. Agarra con los dientes tu vida, la que creas que es tu vida, y que te maten antes de soltarla... ¡Vive, María, vive! (...) Porque a mi edad, nadie va a agradecerte que hayas dejado de vivir. (65)

Pero María no le entiende porque representa, como ya veremos, el respeto a los valores tradicionales. Hay un fuerte contraste entre madre e hija y la diferencia generacional está invertida: es María quien tiene una actitud represiva hacia su madre.

---

[26] Carolyn Harris: *El teatro de Antonio Gala*, pág. 224.

¿Cuál es la solución que plantea Jimena para volver a vivir?: el amor. Según todos los indicios que presenta la obra, Jimena siempre estuvo enamorada de Minaya, el lugarteniente del Cid. El día de su boda pensó que él era su futuro esposo, pero el destino le había adjudicado otro hombre. En su retiro de Cardeña, Minaya la visitaba con regalos de Rodrigo y cuando hubo de viajar hacia Levante para reunirse con su marido, Minaya le acompañó. Ambos se amaban pero nunca se habían atrevido a manifestar sus sentimientos. Pero ahora, tras dos años de viudedad y la vida pasando sin descanso, Jimena quiere vivir, pero con amor, y el objeto de su amor no es otro que Minaya:

> ¡Lo que quiero es vivir!... Pero vivir no es sólo respirar, Minaya: vivir es respirarte. (449)

Pero Jimena quiere casarse y no le sirven las soluciones intermedias: no quiere tener a Minaya como amante secreto, sino que pretende que su relación sea pública porque considera que tiene derecho a una vida sin hipocresías:

> De lo que tengo ganas es de sentarme al lado de Minaya, alguna noche, bajo las estrellas (...) y que la gente pase, y se sonría y se digan: «Son Minaya y Jimena, que se aman.» (402)

Minaya es para Jimena el símbolo de su sueño, de su ideal. Lo que ama en Minaya no es a él mismo, sino lo que representa para ella. En palabras de Hazel Cazorla, «su libre elección, un amor espontáneo, auténtico, no impuesto por razones de estado. Lo que añora es la libertad»[27]. Por eso necesita que todo el mundo se entere

---

[27] Hazel Cazorla: «Antonio Gala y la desmitificación de España...», pág. 14.

de su amor, para que todo el mundo sepa que Jimena es alguien más que la viuda del Cid.

Pero para todo ello hay que superar el fantasma de Rodrigo Díaz de Vivar, que planea por toda la obra, como un personaje que no habla pero que condiciona todos los hechos. «Es preciso olvidar para salvarse», se dice Jimena en la réplica 196. Pero el Cid es necesario para que la Historia siga su camino. En cambio, a Jimena de nada le sirve el héroe, el personaje legendario. Como dice Sheeham, «mientras D. Jerónimo mira al Cid como una santa divinidad enviada para liberar a la cristiandad de los musulmanes, Jimena ve en él sólo al marido ausente, más preocupado por su caballo Babieca que por su esposa»[28].

En esta misma línea, para Jimena las grandes palabras no tienen sentido porque destruyen y matan lo que para ella son los valores máximos, el amor y la vida:

Cuando decíais Dios o cuando decíais patria es que vais a pedir algo terrible. Vais a pedir la vida. (390)

Pero, al final de la obra, Jimena se resigna a formar parte de la Historia y de sus grandes palabras. Se trata de una digna y heroica resignación: sacrifica su persona para que todo siga igual, para que el mito siga existiendo.

Y yo que creía que no era una heroína. Sí lo soy; ésta es mi pobre heroicidad: ser para siempre el despojo de un héroe para que el héroe lo pueda seguir siendo. Sin Jimena no hay Cid. (470)

---

[28] R. L. Sheeham: «Antonio Gala and the new catholicism», en *The contemporary Spanish theater* (University Press of America, 1988), pág. 120.

Damas medievales jugando al ajedrez.

Su heroicidad radica en que ya no necesita de nadie para ser ella misma. A partir de ahora puede caminar sola, ya no precisa apoyarse en un amor ideal, que le ha defraudado:

> ¡Sola! ¡Dejadme sola! ¡Lo que tengo que hacer de ahora en adelante lo puedo hacer yo sola! (477)

Jimena, desde su soledad, velará el cadáver del Cid. La Historia ha salido ganando su partida y, en las acertadas palabras de López Estrada, «una vez más el grito de la libertad absoluta fue sofocado, y el destino pudo más que la voluntad humana»[29].

MINAYA: Al igual que en el estudio de Jimena, también aquí hay que señalar tres planos: el histórico, el que recrea el *Cantar de Mio Cid* y el que imagina Antonio Gala.

Del Minaya Álvar Háñez histórico sabemos que fue sobrino del Cid, que participó en numerosas batallas, entre ellas en la conquista de Toledo de 1085 y en su posterior defensa de 1109 contra los almorávides. Murió en combate contra fuerzas de Alfonso I de Aragón en 1114. Nunca fue lugarteniente de D. Rodrigo Díaz ni le acompañó en su destierro. Tampoco tuvieron nunca la estrecha relación que el *Poema de Mio Cid* les atribuye. Este texto lo destaca como guerrero y como familiar leal al Cid que acompaña a doña Jimena y a sus dos hijas hacia Valencia. Este hecho literario da pie a Gala para inventar una supuesta relación amorosa entre Minaya y Jimena, dentro de los límites del «amor cortés». El «amor cortés» proviene de los trovadores provenzales e impregna la poesía de los cancioneros españoles medievales. Se caracteriza por la servidumbre y el respeto absoluto del enamorado hacia la dama, una mujer casada

---

[29] Francisco López Estrada: «El drama de Antonio Gala...», pág. 45.

de la que no se esperan favores carnales, un «amor hecho de silencios»[30] en unos términos de relaciones vasalláticas.

Minaya es un enamorado que sigue las leyes del amor cortés: admira y ama a Jimena, pero su lealtad hacia Rodrigo le impide mostrarle su amor a la entonces esposa del Cid:

> El Cid me había dado toda su confianza. No podía defraudarle. (142)

Pero el Cid ya ha muerto. Minaya podría dar rienda suelta a su corazón y aceptar el amor que le ofrece Jimena. No puede. El fantasma del Cid es muy fuerte. El Minaya hombre yace bajo la armadura del soldado del Cid, que pesa demasiado. No es capaz de romper los invisibles lazos que le atan a un hombre muerto, que desde su tumba domina los destinos de los demás, tal vez también movido por los hilos de la Historia.

La actitud de Álvar Háñez es la del resignado —«en el fondo un cobarde», como le dice Jimena—. No lucha, no se rebela, no tiene agallas con la vida, sólo con los moros. Él no tiene fuerzas para ser él mismo. Vive para recibir órdenes, las del Cid o las de Alfonso, pero no las que le dictan sus sentimientos:

> Lo mío es conducir a tus soldados. (268)

Su función en *Anillos para una dama* es la de simbolizar el deseo de libertad de Jimena, pero ésta ha elegido mal, ya que Minaya no está a su altura: él no tiene ansias de vivir una vida propia y está resignado a ser un muñeco de la Historia.

ALFONSO: Alfonso VI, el Bravo, subió al trono de

---

[30] F. López Estrada: «El drama de Antonio Gala...», pág. 41.

León en 1065, a los 25 años. Destronado por su hermano Sancho III de Castilla, a su muerte fue rey de ambos reinos hasta 1109. Conquistó Toledo, aunque después la fortuna no le fue propicia en la guerra, siendo derrotado numerosas veces.

Su relación histórica con el Cid no es tan negativa como dice el *Cantar*. Casó al joven caudillo con su sobrina y le otorgó puestos de confianza. Parece ser que tuvo motivos jurídicos reales para desterrarle, debido al paradero de cierto botín, según Horrent[31]. Su amistad con el Cid sufrió altibajos, pero siempre acabaron reconciliándose.

La literatura lo ha presentado como enemigo acérrimo de D. Rodrigo tras el episodio de la Jura de Santa Gadea, que no está probado históricamente.

De nuevo Antonio Gala recoge para su personaje en *Anillos para una dama* elementos del personaje real y del poetizado en el *Cantar de Mio Cid*. Pero el que nos interesa es el que tenemos ante nosotros y que se enfrenta a nuestra Jimena.

Alfonso es un rey sin escrúpulos que no ha dudado en cometer atrocidades variadas por razón de Estado: encarcelar a su hermano García, matar a su hermano Sancho, incendiar Valencia... y casar a Jimena con el Cid. Lo único que le interesa es mantener las cosas como están, por eso no permite que Jimena se case por amor; admitiría una boda conveniente que sacase a Valencia del asedio al que la están sometiendo los almorávides, pero nunca por amor.

Representa el poder absoluto y el orden tradicional. Por eso le sobraba el Cid, que pretendía un «orden nuevo», más igualitario. (No hay que olvidar que D. Rodrigo procedía de una familia de infanzones, el grupo más bajo

---

[31] Jules Horrent: *Historia y poesía en torno al Cantar del Cid* (Ariel, Barcelona, 1973), pág. 21.

dentro de la nobleza, y que su heroicidad en el *Cantar de Mio Cid* canta y prevé el cambio social que está a punto de venir ya en la Baja Edad Media).

Muerto el Cid, a Alfonso le interesa mantener su mito, porque al pueblo hay que alentarlo para que gane batallas. Y dentro de ese mito está Jimena en su papel de viuda:

> Y el lugar del Cid Campeador nadie debe ocuparlo. Ni en la cama... En la cama menos que en otros sitios. (377)

Alfonso aparece como un hombre irónico, de vuelta ya de la vida, y que mantiene una actitud cínica a lo largo de toda la obra:

> Desterrado, no. Ancha es Castilla, pero el Cid era más ancho. No cabía. Rebosaba. A nadie se le ocurre decir que esté el mar desterrado. (218)

Para él la apariencia es lo único importante, por encima de la verdad. De ahí que sugiera a Jimena que tome a Minaya como amante, sin que nadie se entere de su amor. Cuando Jimena habla de las grandes palabras, Dios y patria, a las que contrapone su gran palabra, amor, Alfonso admite que él también está harto de esas «grandes palabras» y reconoce que su sobrina tiene razón. Pero el rey necesita ampararse en la falsedad de un mundo en el que no cree, para seguir existiendo. Todo debe seguir como hasta ahora. La rueda de la vida seguirá girando eternamente y nada cambiará, ha vencido la tradición a unos y a otros:

> Sé que tienes razón. También yo estoy cansado de esas grandes palabras que tú dices. Pero, ¿qué voy a hacer? No tengo otras. Debo seguir usándolas. ¿Qué pinto yo sin ellas? (395)

43

JERÓNIMO: Como dice Carolyn Harris, «es el representante chistoso de la Iglesia que se pone al lado del poder»[32]. También hay un personaje histórico detrás de él; se trata de un monje francés de la orden de Cluny que vino a la Península en 1096. El obispo de Toledo lo envió a Valencia donde fue obispo.

Su función en *Anillos para una dama* es triple:

a) Por una parte, hay que destacar su unión con el poder establecido, que representa Alfonso. Jerónimo no sólo apoya al poder con la palabra sino también con las armas: Jerónimo había venido a Castilla para matar moros. Así aparecía ya en el *Cantar de Mio Cid* y así lo ratifica en nuestra obra:

> Yo, que desde mi convento de Perigord, vine a matar a la morisma (...) que me otorguéis ser el primero en atacar y hacerles las primeras heridas a los moros. (209)

b) Representa uno de los valores tradicionales que, simbolizados en las palabras Dios y patria, Jimena rechaza.

c) Es el personaje cómico de la obra. Su lenguaje grandilocuente y su sordera mueven a la risa de lectores y espectadores. Utiliza un lenguaje culto que, como veremos, contrasta con el tono general de la obra.

MARÍA: Es una de las dos hijas del Cid y Jimena. Se casó dos veces: la primera con un infante de Aragón del que enviudó sin descendencia en 1103, y la segunda con Ramón Berenguer III, conde de Barcelona, del que tuvo dos hijas.

---

[32] Carolyn Harris: *El teatro de Antonio Gala*, pág. 221.

El *Cantar de Mío Cid* la llama doña Sol y la convierte en protagonista, junto a su hermana Cristina (Elvira en el *Cantar*) de unas inexistentes bodas con los infantes de Carrión, y del episodio del Robledal de Corpes, en el que son maltratadas y abandonadas por sus esposos. Su honor será restituido al final del Poema, cuando el rey las casa con miembros de la realeza. Al igual que ocurría con Jimena, en el *Cantar* no tiene otra función que ensalzar el tema del honor del Cid. Pero Gala la saca de ahí y estudia la personalidad de la hija del héroe.

La María de *Anillos* es una mujer cuya frialdad ante el amor choca con la actitud de Jimena. No comprende qué es amar al marido, y considera que no necesita a nadie para vivir porque «el amor no es necesario para nada importante» (93).

Por encima del amor hay otras cosas, ella respeta las normas de la tradición porque le interesan para su propio bienestar. Según la lectura alegórica de Carolyn Harris, «representa la clase burguesa que apoya la continuidad política porque mira sus intereses propios»[33].

Es siempre severa y dura en sus afirmaciones, como podemos comprobar por las acotaciones del autor («contundente», «segura», «fría», «irónica», «tajante»...).

Ataca verbalmente al resto de los personajes, pero sobre todo a su madre, por pretender casarse de nuevo. Su respeto y amor por el Cid le tapan los ojos, y no le permiten entender los deseos de vivir que respira Jimena. Subyace aquí un complejo de Electra en María: la hija que ama subconscientemente al padre y, por contra, odia a su madre y no la comprende[34]. De ahí, ade-

---

[33] Carolyn Harris: *El teatro de Antonio Gala*, pág. 221.

[34] Según el psicoanálisis de Sigmund Freud, este momento lo sufren todas las niñas durante cierto período de la infancia. Si no lo superan, puede generar un trauma. El nombre de «complejo de Electra» procede de la *Orestíada*, de Esquilo, en la que Electra, hija de Agamenón, venga su asesinato a manos de su madre y el amante de ésta.

más, la serie de reproches que prodiga a Jimena:

> ¡Estás loca, mamá! ¿Qué haces desnuda en la ventana? (45)
> Has hecho mal llevando joyas a los funerales. (49)

De ahí también su reconocimiento expreso de que en cierto modo estuvo enamorada del Cid, cuando le dice a Minaya:

> De alguna forma, sí... ¿Qué mujer hubiera podido no estar enamorada del Cid? (96)

Solamente al final, cuando Jimena se resigna al papel de viuda del Cid, María se mostrará respetuosa con ella. Las aguas han vuelto a su cauce y la Historia seguirá su curso. Éste es el deseo de María, que se mueve dentro del orden y la norma, y por eso se mostrará por primera, y única vez, humilde ante Jimena:

> ¡Por fin! *(Se lanza a besar la mano de su madre).* (471)

CONSTANZA: Es el aya y la dama de compañía de Jimena en *Anillos para una dama*. Ana Padilla estudia sus precedentes literarios y la entronca con las criadas de Lorca, del teatro romántico, y la lleva hasta la comedia elegiaca y la humanística[35].

Es la criada celestinesca de la tradición teatral: anima a Jimena en su relación con Minaya y parece serle fiel, pero se mueve por intereses propios y es capaz de traicionarla, al ponerse al lado del poder y ayudar a Alfonso en una trampa para Jimena.

---

[35] Ana Padilla Mangas: *Tipología dramática en la obra de Antonio Gala* (Universidad de Córdoba, 1985).

Constanza tiene un componente cómico que resta tono trágico a alguno de los momentos de la obra: trivializa su propia viudez y bromea sobre ella; cuando Jimena le pregunta por su marido, contesta que está viuda «de nacimiento. (...) Ni siquiera lo mataron los moros, que es lo que está mandado; se murió de tercianas, como un tonto» (20).

Pero quizás lo más interesante de Constanza sea su carga erótica. Su imaginación y sus deseos contrastan con la indiferencia de María y con la insatisfacción soterrada de Jimena. Su erotismo es fresco, y, al igual que el de la vieja Celestina, radica en la palabra, porque la edad ya no le permite su ejercicio:

> Todo ese hombrón para esta carne blanca, para estos hombros lisos y redondos (...), para estos pechos, que ni los de Santa Águeda (36).

Al final de la obra, ella también es subyugada por el poder: animará a Jimena a amar a Minaya en secreto. Constanza también opta por la solución hipócrita y por la apariencia, como los demás personajes de *Anillos para una dama*, salvo Jimena.

3.5. Influjos y relaciones

Anillos para una dama parte de unos hechos históricos que tienen lugar en la España del siglo XI y que ya fueron poetizados por el anónimo autor o autores del *Cantar de Mio Cid* allá por el siglo XIII. Antonio Gala utiliza ambos planos, el histórico y el literario, para ambientar su obra.

Gala es un profundo conocedor de nuestra historia y de nuestra literatura. *Anillos* alude a menudo a los datos que ofrece Menéndez Pidal en *La España del Cid* y

47

a invenciones que pertenecen al autor del *Cantar*, como las bodas de las hijas de Rodrigo con los infantes de Carrión, el episodio del Robledal de Corpes, las relaciones con el moro Abengalbón, el viaje de Jimena y Minaya...

No es la primera vez que la familia del Cid es sujeto de obras literarias: en 1960, María Teresa León había publicado una biografía sobre doña Jimena en la que se apuntaba un atisbo de amor cortés entre ella y Minaya[36].

En plena época modernista, se pone de moda el teatro histórico en verso y Eduardo Marquina estrena *Las hijas del Cid*, en 1908; pero dadas las diferencias temáticas y formales, no puede decirse que esta obra influyera en *Anillos*.

En cuanto a algunos de los elementos dramáticos de nuestra pieza teatral, se ha hablado de diversas influencias. El crítico Adolfo Prego, en su reseña del estreno de *Anillos* (septiembre de 1973) para *ABC*, apuntaba nombres tan distintos como Ionesco (teatro del absurdo), Corneille (teatro clásico) y Arniches (teatro de humor). También podríamos hablar de una influencia de Bertolt Brecht y su concepción del teatro; recordemos que sostenía que la obra dramática debía contener una carga ideológica, opinión compartida por Antonio Gala, como ya vimos.

Pero más interesante nos parece la relación entre *Anillos* y otra obra que presenta el tema de la Historia frente al individuo, y que fue estrenada en 1944: *Antígona*, recreación del mito griego a cargo del dramaturgo francés Jean Anouilh. Ambas obras tienen en común varias cosas: el uso del anacronismo temático y lingüístico, que presta universalidad al asunto tratado; el deco-

---

[36] M.ª Teresa León: *Doña Jimena Díaz de Vivar. Gran señora de todos los deberes* (Losada, Buenos Aires, 1960).

rado neutro, atemporal; el tema, en *Antígona* también una mujer pretende ser ella misma y se rebela contra las fuerzas opresoras.

En cuanto a la relación de *Anillos para una dama* con otras obras del propio Antonio Gala, son importantes y variados los paralelismos. No es éste el lugar para presentar un estudio minucioso al respecto y nos limitaremos a señalar las más interesantes concomitancias.

— Visión del héroe y de su esposa por dentro: Gala también estudia los miedos, las angustias y la humanidad del mito griego de *La Odisea,* de Homero, en *¿Por qué corres, Ulises?*

— El fantasma que planea sobre el escenario y sobre la vida de los personajes reaparece en *El cementerio de los pájaros,* así como el hijo de cuya muerte se culpa indirectamente al padre.

— El amor como alimento de la vida se repetirá en *La vieja señorita del Paraíso.*

— La Historia de España como marco en el que se desarrolla una historia personal será el tema de *Las cítaras colgadas de los árboles* y de la ópera *Cristóbal Colón.*

— El tema central de toda su producción dramática es el de la libertad personal sofocada por el poder. Así lo reconoce el propio autor en la ya mencionada entrevista de Maruja Torres: «Yo he escrito siempre la misma obra con los mismos ingredientes: un escenario oprimente, extrañamente oscuro, alguien que ha perdido su libertad...» El tema se recrea, como ya sabemos, en *Anillos* y en prácticamente todas sus obras, especialmente en *Petra Regalada, El sol en el*   49 *hormiguero, Noviembre y un poco de hierba* o *Carmen Carmen.*

3.6. Estilo

3.6.1. Coloquialismos

Gala es uno de los dramaturgos españoles con mayor éxito de público. No escribe para intelectuales, sino para todo el mundo. Pretende establecer una comunicación directa con el espectador, de ahí que hable su mismo idioma y que utilice un sinfín de expresiones coloquiales, conocidas por todos. Pero no se trata de un uso coloquial que refleje el lenguaje común sin más, sino que Antonio Gala crea lenguaje literario del lenguaje coloquial[37].

a) Formas coloquiales en *Anillos para una dama:*

Aparecen muchas expresiones familiares en la obra. A continuación vamos a enumerar y ejemplificar algunas de ellas:

- Frases hechas: «sé roer mi hueso» (117), «he tirado de la manta (...), me casan sin comerlo ni beberlo» (313).

- Refranes: «al primer tapón, zurrapa» (315), «pues arreando, que es gerundio» (415).

- Animalizaciones: «¡Qué burra eres!» (411), «dando vueltas como una mona» (109), «Elvira y Urraca... qué dos pájaras, madre» (23).

---

[37] En la página 160 de *Texto y pretexto,* Gala afirma: «El lenguaje literario nunca, por muy realista que sea, será una copia del lenguaje común.»

- Muletillas expresivas: «tararí que te vi» (374).

- Sufijaciones grotescas: «traidoraza, urracona» (34).

- Vulgarismos: «si el ovejo la hinca» (342), «me líe a mandobles» (109).

- Voces de juegos: «he cantado las cuarenta en bastos» (353), «me quedan por cantar las diez de últimas» (355).

- Maldiciones: «Maldita paz que me costó la vida de mi hijo» (322).

- Prefijos expresivos: «yo soy requeteviuda» (20).

- Diminutivos con connotación irónica: «este amable grupito familiar» (211), «lo único que no has dicho, es lo uniquito que tenías que decir» (98).

- Metonimias: «a denario por barba» (390).

b) Función de los coloquialismos en *Anillos para una dama:*

- Acercan el personaje al espectador: como señala Carolyn Harris, «la viuda del Cid pierde su cualidad de mito cuando se expresa en un lenguaje popular»[38]. Al comienzo de la obra, el tono solemne de las palabras de Jerónimo contrasta con las intervenciones de Jimena, a quien Gala baja del pedestal mítico para aproximarla al rango de ser humano: «¡Qué dentera!» (9) «Ya chochea» (15).

- Prestan comicidad al texto y contrarrestan el tono amargo de la obra. Como ya hemos dicho, es Constanza quien representa esta antítesis lingüística.

---

[38] Carolyn Harris: *El teatro de Antonio Gala,* pág. 222.

- El uso de expresiones coloquiales modernas, mezcladas con voces de gusto épico, supone una intemporalidad que nos hace entender el argumento de *Anillos* no como perteneciente al pasado, sino como algo proyectable a cualquier momento del presente y del futuro.

3.6.2. Anacronismos

Uno de los rasgos más característicos del estilo de *Anillos para una dama* es el empleo de anacronismos, es decir, voces o situaciones que aluden al presente del autor (siglo XX) y que contrastan con la época en la que se sitúan los hechos (siglo XII). Sigue Antonio Gala la tendencia de los franceses Jean Giradoux y Jean Anouilh, que a mediados de nuestro siglo revitalizaron este recurso, que había sido muy habitual en la literatura de la Edad Media.

a) Tipos de anacronismos en *Anillos para una dama:*

- Verbales: expresiones de uso común en los años 70, como *«vedette»* (227) o «salirse de madre» (225).

- Alusivos: en alguna ocasión se reflejan hechos de la España de los años 70, que encierran un juego cómplice con el espectador de la época.

  — Sobre los problemas de los altos precios de la tierra: «Cómo se ve que entre los moros no había especuladores de solares» (294).

  — Sobre el divorcio y la nulidad de matrimonio, tema polémico en la década que nos ocupa y que se señala con el adverbio *ahora:* «Quizá el obispo podría descasarlos; *ahora* está eso más fácil» (277).

- Situacionales: se crean momentos impensables en el siglo XII.

  — El ejemplo básico es el deseo de independencia de la mujer, imposible en la Edad Media, pero importantísimo en la España de los años 70, momento en que se está desarrollando el Frente de Liberación de la Mujer.
  — Otro de los anacronismos situacionales aparece cuando los personajes se sirven café, que no se conoció en Europa hasta después del descubrimiento de América.

- Escenográficos: según indican las acotaciones, tanto el vestuario como el escenario tienen un lejano sabor medieval, que poco a poco se va modernizando.

b) Función de los anacronismos en *Anillos para una dama*:

  - Crean una atmósfera de atemporalidad que implica una universalidad del tema. Hay que extrapolar los hechos de la Historia y leerlos fuera del tiempo y del espacio.

  - Ciertas expresiones modernas en labios de una solemne viuda del siglo XII dan comicidad a la situación[39]. Esta comicidad subrayaría el tema de la desmitificación, que no es tanto de los personajes, como ya hemos dicho, sino de la propia Historia que se nos ha venido contando y a la que le hacía falta, como reitera Gala en *Texto y pretexto*, «una destrozona con jabón y bayeta [que ponga]

---

[39] Así lo señala también Lorenzo López Sancho en su crítica para *ABC* a la reposición de la obra en 1982.

al descubierto lo que con tanto cuidado disfrazábamos»[40].

● Según Phyllis Zatlin Boring[41], el anacronismo sirve para reforzar la comparación entre pasado y presente. Éste es un argumento que vendría a reforzar la tesis de que *Anillos* es una alegoría de la España de los años 70.

En cualquier caso, queda claro que ambos procedimientos, lenguaje coloquial y anacronismos, atienden a una misma voluntad del autor para crear un universo en el que el espacio y el tiempo no existen.

3.6.3. Otros recursos estilísticos en *Anillos para una dama*

Ya hemos dicho que el lenguaje de Antonio Gala pretende ser claro. Esto no quiere decir que imite al lenguaje común. *Anillos* contiene variados y numerosos recursos literarios que vamos a estudiar someramente a continuación y que le confieren ese carácter poético que tiene la obra:

● Anáforas: «*Ni* armas para morir nos han dejado. *Ni* veneno, *ni* cuchillo. *Ni* la edad de morir» (452).

● Repeticiones, que subrayan la fuerza expresiva de los deseos de Jimena: «¡Amo a Minaya! ¿Oís? ¡Amo a Minaya!» (390).

● Recursos de la oratoria clásica: los parlamentos de Jerónimo tienen un tono grandilocuente que utiliza diversos rasgos:

---

[40] Antonio Gala: *Texto y pretexto*, pág. 113.
[41] Phyllis Zatlin Boring: Introducción de *Noviembre y un poco de hierba* y *Petra Regalada* (Cátedra, Madrid, 1981), pág. 50.

— *Amplificatio:* ampliación de un motivo a base de sinónimos o repeticiones referenciales: «Cuando él murió (...). Cuando, hoy hace dos años, Rodrigo Díaz de Vivar cerró los ojos, murió el más grande caudillo de que queda memoria» (1).

— Comparaciones con personajes de la antigüedad: «Nunca, desde Alejandro, hubo un hombre tan grande» (1).

— Citas en latín: «Nemo propheta acceptus est in patria sua» (13).

● Metáforas: «Convenía *injertar* al alférez de Castilla en una firme *rama* de León» (248).

● Comparaciones: «yo debería haberme prendido fuego como un bonzo» (109).

● Enumeraciones caóticas: «Tu habilidad para sacarle jugo a todo: a un clavel, al calor, a un abanico, a un terrón de azúcar» (116).

● Alegorías: la réplica 117 utiliza voces referentes a la gastronomía para alegorizar el tema del *carpe diem.* Se trata de expresiones como: «roer mi hueso», «carne», «hambre», «aperitivos», «estómago»...

● Símbolos: ya hablamos de lo que simboliza cada personaje. Ahora nos centraremos en otros elementos. El calor sofocante de Valencia simboliza la pasión que arde en el corazón de Jimena, así como el bochorno presagia la tormenta familiar que se avecina, o el café frío que antecede a la despedida de Minaya. Andrés Amorós los llama «paralelismos entre los sentimientos de los personajes y lo externo»[42]. Centrémonos en el tema del café: Jime-

---

[42] Andrés Amorós: «Introducción...», pág. 102.

na lo hace servir en presencia de Minaya. Es éste un intento de salirse de la Historia; como ella misma señala, «por fin vamos a podernos tomar una tacita de café sin contar con la Historia» (113). Es muy significativo que María diga repetida y crispadamente «Yo no tomo café» (102 y 106). María, consecuente con sus ideas, tiene que rechazarlo, porque algo tan simple como beber café significa, en el código simbólico que ha creado Gala, aceptar el cambio de la Historia y, recordemos, María no quiere que nada varíe. Al final de la escena, cuando Minaya y Jimena reconocen que su amor es imposible, el café se ha enfriado y Jimena lo expresa con actitud derrotada, como si el frío del café presagiara la necesidad de enfriar sus sentimientos: *«(Vencida.)* Está completamente frío este café» (178).

● Ecos del lenguaje épico: los personajes hacen suyos algunos versos del *Poema de Mio Cid.*

— Jerónimo rememora uno de los epítetos épicos que aludían al Cid: «que en buena hora ceñisteis espada» (209)[43].

— Alfonso recuerda el más famoso verso del *Poema*: «Qué buen vasallo si hubiese buen señor» (220)[44].

● Estructuras de romances aparecen en las canciones que recrean Constanza, Minaya y Jimena.

---

[43]   «¡Ya Campeador en buen ora çinxiestes espada!», v. 41, *Cantar de Mio Cid.*

[44]   «¡Dios, qué buen vassalo! ¡Si oviesse buen señor!», v. 20, *Cantar de Mio Cid.*

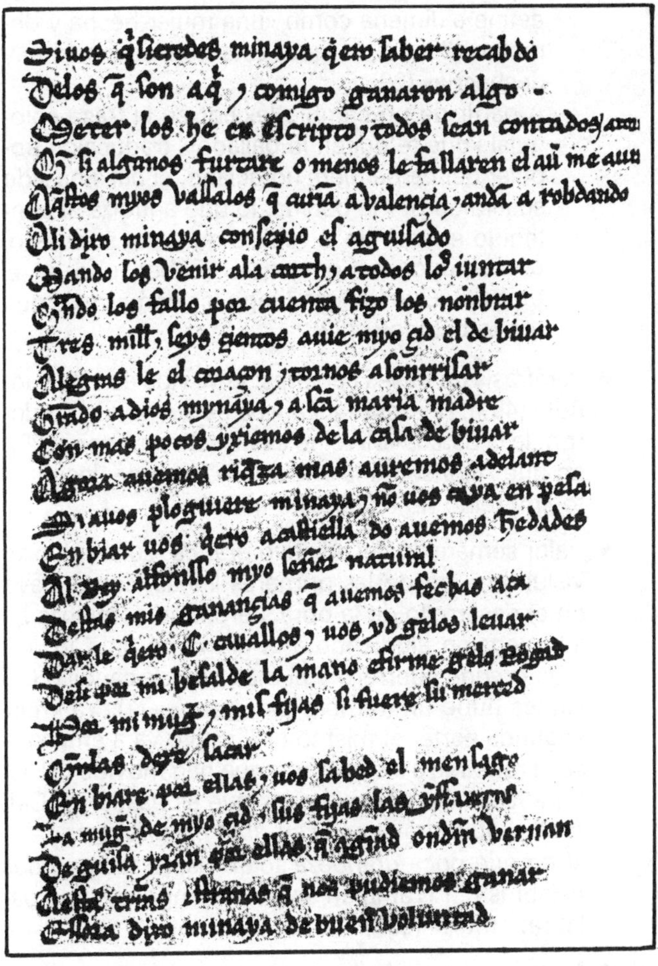

Si uos q̃sieredes minaya q̃ero saber recabdo
Delos q̃ son aq̃ , comigo ganaron algo
Meter los he en escripto, todos sean contados
Q̃ si algunos furtare o menos le fallaren el auer me aur
Aq̃stos myos vassalos q̃ curiã a valencia, andã a robdando
Alli dixo minaya consseio es aguisado
Mando los venir ala corth, a todos los iuntar
Quando los fallo por cuenta fizo los nonbrar
Tres mill, seys çientos auie myo çid el de biuar
Alegras le el coraçon, tornos a sonrrisar
Grado a dios mynaya, a sca maria madre
Con mas pocos yxiemos dela casa de biuar
Agora auemos riq̃za mas auremos adelant
Si a uos ploguiere minaya, no uos caya en pesar
En biar uos q̃ero a castiella do auemos heredades
Al rey alfonsso myo señor natural
Destas mis ganançias q̃ auemos fechas aca
Dar le q̃ero .C. cauallos, uos yd gelos leuar
Des por mi besalde la mano e firme gelo rogad
Por mi muger, mis fijas si fuere su merced
Q̃ nlas dexe sacar
Enbiare por ellas, uos sabed el mensaje
La muger de myo çid, sus fijas las yffantes
De guisa yran por ellas q̃ a grand ondra vernan
A estas tierras estrañas q̃ nos pudiemos ganar
Essora dixo minaya de buena voluntad

Facsímil del manuscrito del *Cantar de Mio Cid.*

- Juegos de palabras:

  — A partir del cambio de un fonema: Constanza define a Jimena como «una mujer hecha y derecha» (28), a lo que ésta replica «hecha y deshecha» (29).
  — A partir de un cambio léxico: en la frase coloquial «que te quiten lo bailado», traducción popular del *carpe diem* horaciano, el baile ha sido sustituido por la bebida, lo que agudiza el contenido erótico de la réplica que, por supuesto, corresponde a Constanza: «Bebed uno en el otro (...). Que vengan luego los demás y os quiten lo bebido» (423).

- Paráfrasis de frases célebres: «¡Mi vida es este sueño!» (457), referente a *La vida es sueño,* de Calderón de la Barca; «Mi reino es de este mundo» (225), en que Alfonso da la vuelta a la frase de Jesucristo «mi reino no es de este mundo».

- Valor semántico del adjetivo *grande*: su empleo se vislumbra, desde las primeras líneas, como clave en el desarrollo de la obra. Jerónimo comienza su intervención aludiendo a la grandeza del Cid: «el más *grande* guerrero y el más *grande* caudillo (...) Nunca hubo un hombre tan *grande*» (1). Ya en la segunda parte, el mismo calificativo va a emplearse al referirse a las *palabras* que han movido la Historia (Dios y patria), y de las que es bastión el Cid. A ellas opondrá Jimena su *gran* palabra, amor: «Con qué poca *grandeza* soléis usar esas *grandes* palabras (...) ¡También ahora yo tengo mi *gran* palabra: amor!» (390).

- Metaliteratura: *Anillos para una dama* introduce varias alusiones al mundo del teatro desde sí mismo. Lorenzo López Sancho incluye estas intervenciones en la más pura tradición de Pirandello[45]. Nuestros personajes hacen los siguientes comentarios:

— La propia Jimena hace una interpretación de la puesta en escena de la obra, como símbolo del tema principal: «Los actores que representan una historia sin los trajes, ni los objetos ni las palabras adecuadas» (82).
— Uso de voces referentes al mundo del teatro: «actores», «representar», «atrezzo», «autor»...
— La vida se equipara a una «tonta comedia» en la que cada hombre tiene su papel (121 y 123).
— Jimena prevé un futuro en el que interviene el autor, que contará su verdadera historia (475).

3.7. Valor y sentido

¿Desmitificación del Cid, de doña Jimena, de España? ¿Alegoría de la España de los años 70? Todas las lecturas pueden ser válidas y coherentes, pero lo que nos parece más evidente es que Antonio Gala, con *Anillos para una dama*, ha querido mostrar desde dentro a una mujer frustrada que se rebela ante la opresión que sufre, y que debe rendir sus deseos de libertad, su anhelo de ser ella misma, en pos de un ideal que no es el suyo. El poder, como casi siempre, ha resultado vencedor en este tenso combate en el que Jimena ha luchado enconadamente; y lo hace hasta que se da cuenta de que su sueño ha finalizado: «¡Mi vida es este sueño! Yo me termino aquí...» (457), le dice a Minaya, y éste calla para no volver a hablar. Sólo el amor en el que Jimena creía le daba fuerzas para resistir, pero cuando el amor, Minaya, enmudece, nada le queda y renuncia a su libertad y a

---

[45] Crítica en *ABC* (13-4-1982).

su vida. Jimena abandona su sueño de amor igual que la Historia abandona su sueño de conquista: Minaya y Valencia simbolizan lo inalcanzable, las tierras prometidas, los paraísos perdidos. Perdidos pero no olvidados, gracias a la pluma de Antonio Gala.

4. Bibliografía básica comentada

CAZORLA, Hazel: «Antonio Gala y la desmitificación de España: los valores alegóricos de *Anillos para una dama*», en *Estreno, IV,* 2 (1978), págs. 13-15.

Cazorla insiste en el paralelismo de la vida de Jimena con el destino de España tras la muerte de Franco. Analiza la obra y sus personajes a través de ese prisma. Es interesante su concepción de *Anillos* como conflicto entre sueños y realidades.

DÍAZ PADILLA, Fausto: *El teatro de Antonio Gala,* Universidad de Oviedo, 1985.

Díaz hace un exhaustivo estudio lingüístico de las obras de Antonio Gala en torno a varios aspectos: formas de iniciar el diálogo, formas de transición al diálogo, de rematarlo, afectividad, perífrasis del presente, expresiones de ruego y mandato, etcétera.

GALA, Antonio: *Noviembre y un poco de hierba* y *Petra Regalada,* edición de Phyllis Zatlin Boring, Cátedra, Madrid, 1981.

Zatlin presenta en la introducción una cronología muy completa y comentada sobre aspectos importantes de la vida de Gala. Hace un estudio general de sus obras, subrayando el interés de los anacronismos y de las alegorías políticas. En cuanto a *Anillos para una dama,* considera que es la búsqueda de la libertad por parte de Jimena.

GALA, Antonio: *Los buenos días perdidos* y *Anillos para una dama,* edición de Andrés Amorós, Castalia, Madrid, 1987.

La introducción de Andrés Amorós es muy completa y útil. Aporta un perfil biográfico de Gala y un estudio general de toda su obra y de su pensamiento estético. A continuación analiza las dos obras de la edición. Son interesantes sus comentarios sobre *Anillos,* algunos de los cuales citamos en nuestro prólogo.

HARRIS, Carolyn: *El teatro de Antonio Gala,* Zocover, Toledo, 1986.

En el capítulo correspondiente a *Anillos para una dama,* Harris interpreta la obra como un intento de desmitificación de la historia del Cid y de Jimena. También recoge la tesis de Cazorla sobre la alegoría de la España posfranquista.

LÓPEZ ESTRADA, Francisco: «El drama de Antonio Gala sobre la Jimena del Cid», en *Pliegos de Cordel* (Instituto Español de Cultura, Roma, 1983), págs. 31-49.

El artículo de López Estrada es un valioso estudio de *Anillos.* Su autor es un profundo conocedor de la literatura española y este trabajo es muy riguroso y tiene mucha base documental. Analiza aspectos interesantes de la obra: anacronismos, amor cortés, frustración de Jimena, etcétera.

López Sancho, Lorenzo: «Reposición de *Anillos para una dama*», en *ABC* (13-4-1982), pág. 69.

Es la crítica a la reposición en el año 82. Hemos elegido para comentar esta crítica y no las del estreno porque ha pasado el tiempo y la situación de España no es la que era en 1973. López Sancho subraya el valor intrínseco de la obra, su gracia verbal y su reflexión psicológica. Por supuesto, reconoce que ha perdido la osadía que tuvo en su momento.

Padilla Mangas, Ana: *Tipología dramática en la obra de Antonio Gala,* Universidad de Córdoba, 1985.

Padilla realiza un estudio de los precedentes literarios de algunos personajes de Gala. De *Anillos* analiza el personaje de Constanza. Enfoca su trabajo sobre el lenguaje de los tipos dramáticos en torno a: zona dialectológica, estatus social, oficio y cultura. Es un trabajo muy sistemático.

Oliva, César: *El teatro desde 1936,* en *Historia de la literatura española actual,* 3, Alhambra, Madrid, 1989.

Es un amplio estudio del teatro español desde la Guerra Civil. El punto de vista es el de un conocedor del mundo del teatro desde dentro, ya que Oliva es director teatral. Incluye a Antonio Gala dentro del capítulo referente a lo que él llama el teatro de la oposición. También comenta la existencia o no de una «generación realista». Es un libro muy claro y riguroso, y útil para conocer las diferentes tendencias del teatro español.

SALVAT, Ricard: *Años difíciles, 3 testimonios del teatro español contemporáneo,* Bruguera, Barcelona, 1977.

Salvat incluye a Gala dentro de dos vertientes diferentes; considera que escribe para la alta burguesía, pero también para una generación comprometida con la Historia. Piensa que una misma obra de Antonio Gala puede ser leída en varios niveles.

SHEEHAM, R.L.: «Antonio Gala and the new catholicism», en *The contemporary Spanish theater,* University Press of America, 1988, págs. 113-129.

Sheeham coloca a Antonio Gala dentro de lo que él llama el «nuevo catolicismo». Para ello se basa fundamentalmente en las propias palabras del autor (expresiones como «búsqueda del paraíso» o «redención»), en su admiración a Juan XXIII, en su estancia en la Cartuja de Jerez o en su postura pacifista ante la vida. El artículo de Sheeham está en inglés y no está traducido.

ZATLIN BORING, Phyllis: «The theater of Antonio Gala: in search of Paradise», en *Kentucky Romance Quaterly,* XXIV, 1977, págs. 175-183.

Analiza las obras de Antonio Gala desde el punto de vista de la búsqueda del paraíso, que a veces se encuentra sólo tras la muerte, y que a veces encuentra un camino en la esperanza. De ahí que, aunque algunos críticos lo comparen con Valle-Inclán y el esperpento, Zatlin considere que la esperanza y la compasión con que mira a sus personajes se alejan de la visión grotesca y pesimista del teatro de Valle-Inclán.

5. Nuestra edición

El texto que aquí presentamos fue estrenado el día 28 de septiembre de 1973 en el Teatro Eslava de Madrid.

Para nuestra edición, hemos cotejado las versiones más prestigiosas, como son la de Castalia, preparada por Andrés Amorós; la de Júcar, a cargo de Ángel Fernández Santos, y la de Mk en su Colección Escena.

Las tres ediciones consultadas no presentan demasiadas variantes importantes: una réplica adjudicada a otro personaje, el apellido de Minaya (Núñez o Háñez), y algún cambio vocálico motivado por razones de fonética sintáctica. Donde sí hay más variedad es en la puntuación. Hemos optado por una puntuación respetuosa con la norma de la lengua castellana y, por supuesto, que sea útil para la lectura en voz alta y la representación.

Las notas a pie de página correspondientes a aclaraciones de vocabulario han sido extraídas de diversos diccionarios: provienen en su mayor parte del *Diccionario de la Real Academia Española de la Lengua*[1]; las voces no castellanas se han consultado en el *Vocabulario andaluz* de Antonio Alcalá Venceslada[2] y en diccionarios bilingües de inglés, francés e italiano.

Las citas históricas hacen referencia a diversas fuentes: *El Cid Campeador*[3] y *La España del Cid*[4], ambas de Ramón Menéndez Pidal; *Historia de España,* de Luis G.

---

[1] *Diccionario de la Real Academia Española de la Lengua* (Madrid, 1984).

[2] Antonio Alcalá Venceslada: *Vocabulario andaluz* (Real Academia Española, Madrid, 1951).

[3] Ramón Menéndez Pidal: *El Cid Campeador* (Espasa-Calpe, Buenos Aires, 1950).

[4] Ramón Menéndez Pidal: *La España del Cid* (Espasa-Calpe, Madrid, 1969).

de Valdeavellano[5]; *Historia de España,* de Manuel Tuñón de Lara[6]; *El poema de Mio Cid: realidad histórica e ideológica,* de M.ª Eugenia Lacarra[7].

La edición del *Cantar de Mio Cid* que hemos manejado, y algunos de cuyos versos se citan, es la que Colin Smith preparó en 1972 y que fue publicada en España en 1979[8].

[5] Luis García de Valdeavellano: *Historia de España* (Revista de Occidente, Madrid, 1973, 5.ª ed.).

[6] Manuel Tuñón de Lara: *Historia de España* (Labor, Barcelona, 1989).

[7] M.ª Eugenia Lacarra: *El Poema de Mio Cid: realidad histórica e ideológica* (Porrúa, Madrid, 1980).

[8] *Poema de Mio Cid,* edición de Colin Smith (Cátedra, Madrid, 1979).

ANTONIO GALA

Anillos para una dama

Palabras del autor

La protagonista de Anillos para una dama *dice: «Los actores que representan una historia sin los trajes, ni los objetos, ni las palabras adecuadas; sin todo el atrezzo que corresponde a esa historia, pueden parecer locos. Pero más locos son los que creen estar representando la historia verdadera.»*

De nuevo cuento hoy una historia española. Sin embargo, en esta ocasión utilizo la Historia de España en cierto modo. (Acaso sea la Historia el único río en que nos podemos bañar más de una vez: cualquier cronología es una convención.) Por eso Anillos para una dama *tiene adrede un aspecto intemporal: es más real así. Porque la realidad no se opone a los relatos inventados, sino a los «mundos» inventados.*

¿Qué sucede en un pueblo cuando la muerte le arrebata a quien lo guía? ¿Se tolerará a los que lo rodeaban apearse del pedestal que con él compartieron? ¿Qué será de Jimena sin el Cid? Yo me he permitido contestar imaginando unas horas, no muchas, al margen de la Historia rigurosa.

Jimena, aquí, sabe bien lo que quiere: ser ella misma. Minaya también lo sabe, pero es demasiado fiel a lo que ha muerto y eso le impide transformar el futuro. La hija del Cid sostiene aún una fe que además le es rentable. Constanza —todos los desprovistos— será devota o venal, según los casos... En estas circunstancias, como suele, el triunfo del poder político y el religioso es inevitable: a ambos los mueve sólo el deseo de seguir siendo poderes. Ellos «hacen» la Historia: Jimena se resigna a su papel de personaje con la dudosa esperanza de que, en un posible porvenir, alguien alcance la libertad que a ella le fue negada.

69

Como siempre, recurro a la participación de los espectadores: aspiro a que los que no se interesen por razones más hondas, se emocionen al menos ante la desventura de un amor prohibido. Quizá baste con eso.

A. G.

Esta obra se estrenó en el Teatro Eslava, de Madrid, el día 28 de septiembre de 1973, con el siguiente reparto:

JIMENA: *María Asquerino*
REY ALFONSO VI: *José Bódalo*
MINAYA: *Carlos Ballesteros*
MARÍA: *Pilar Velázquez*
CONSTANZA: *Margarita García Ortega*
OBISPO JERÓNIMO: *Estanis González*

* * *

Escenografía: VICENTE VELA
Vestuario: ELIO BERHANYER
Dirección: JOSÉ LUIS ALONSO

ESCENARIO: Bastará una cámara en unos tonos neutros. Quizá alguna vaga sugerencia morisca que distinga las localizaciones.

El mobiliario imprescindible, requerido por el diálogo.

A cargo de la luz quedará lo demás.

Es importante la utilización de distintos niveles.

VESTUARIO: El vestuario, que al principio es de época, aunque no muy marcado, luego va modernizándose. Pero no se debe hacer rabiosamente. Que suceda como con el lenguaje: es de hoy, lo entendemos, pero tiene no sé qué aroma ajeno al lenguaje estrictamente de hoy.

Primera parte

En la Iglesia Mayor de Santa María de Valencia. Sobre un estrado forrado de negro, DOÑA JIMENA. *Ligeramente más bajos,* DOÑA MARÍA *y* MINAYA ÁLVAR HÁÑEZ, *cada uno a un lado. En segundo término,* DOÑA CONSTANZA. *Las mujeres están arrodilladas. El hombre, de pie. Ellas llevan riguroso luto; trajes largos, de corte acrónico[1] y velados los rostros.* MINAYA, *un traje vagamente militar, vagamente cortesano, imposible de situar en época alguna. El* OBISPO JERÓNIMO, *en una altura muy superior, con ornamentos que pueden parecer románicos o modernísimos. Cuando se alza el telón, continúa la oración fúnebre que está pronunciando.*

JERÓNIMO.—Cuando él murió, lloró toda Europa. Se quedaron sin nadie los campos de Castilla. La cristiandad perdió su santo y seña[2]. Cuando, hoy hace dos años, Rodrigo de Vivar cerró los ojos, murió el más grande guerrero y el más grande caudillo de que queda memoria. Nunca, desde Alejandro[3], hubo un hombre tan grande... A mí, que lo enterré, me pareció mentira que tan alta montaña cupiera en tan humildes parihuelas[4]. Desde ese día podemos llamarnos de tú unos a otros; ya somos todos de la misma estatura. A veces, recién rezadas

---

[1] *acrónico:* atemporal.
[2] *santo y seña:* en contexto militar, es la frase clave que se utiliza para reconocerse en las rondas. Aquí significa que el Cid era el símbolo de la cristiandad.
[3] Alejandro Magno, rey de Macedonia (356-323 a. C.). Se le considera prototipo de héroe militar.
[4] *parihuelas:* especie de camilla para transportar cuerpos tendidos. Antiguamente se utilizaba para llevar cadáveres hasta el lugar del enterramiento.

vísperas[5], mientras el sol declina a los pies de un naranjo...

JIMENA.—*(Interrumpe, volviéndose un poco a* DOÑA CONSTANZA.*)* Será en la huerta que mi marido le regaló en Juballa[6].

JERÓNIMO.—*(Continúa después de mirar a* JIMENA.*)* ... me pregunto si no habremos soñado. A veces, en esta iglesia de Santa María *(Subrayando mientras mira a* JIMENA, *que aprueba)*, de la que él tuvo a bien darme la sede, me pregunto si él no habrá sido un sueño... Si no ha existido nunca y lo hemos inventado como se inventa la esperanza, o si, por el contrario, él no ha muerto y se abrirán las puertas de Valencia y una voz gritará: «Mío Cid[7] se acerca. ¡Mío Cid está llegando!»...*(*JIMENA *vuelve la cabeza como si, en efecto, fuese a aparecer alguien.* MARÍA *solloza apenas.)* Cuando un amanecer de octubre se presentó, ante los muros de Valencia, a solas, sin recursos, sin rey y sin ejército y sin bandera por la que luchar, hubiera parecido un insensato si no fuese el héroe solitario, el mito, la encarnación de la gloria de España... Más poderoso que los reyes, repudió[8] su destino de modesto hijodalgo[9], salió a ganar su pan fuera de Castilla. Desterrado, hizo

---

[5] *vísperas:* una de las *horas* del oficio religioso, que se solía cantar hacia el anochecer.
[6] efectivamente, según Menéndez Pidal, el Cid regaló un huerto a Jerónimo en el territorio de Juballa.
[7] *Mío Cid:* en árabe quería decir «mi señor». Este título se lo otorgaron los musulmanes a Rodrigo Díaz de Vivar.
[8] *repudió:* rechazó.
[9] *hijodalgo:* hidalgo, perteneciente al estamento nobiliario. El Cid pertenecía al grupo de los infanzones, el más bajo en el escalafón de la nobleza.

y deshizo reyes con su dedo meñique[10]... Jugaba al ajedrez sobre los anchos campos[11]... El Dios de Sabaoth[12] lo envió con la espada a los lomos, después de haberle musitado[13] en la oreja su consigna. Que el Dios de Sabaoth nos haga dignos de él... *(JIME-NA, quizá impaciente, se mueve y hace sonar la pedrería del riquísimo ceñidor[14] que lleva a la cintura.)*

MARÍA.—No hagas ruido.

5   JIMENA.—Al obispo también le suenan las espuelas y yo no me he quejado.

JERÓNIMO.—*(Como si no hubiese oído.)* España, que por él durará hasta el fin de los tiempos, no lo olvidará nunca. No olvidará sus ojos suaves o airados, su grito de batalla, su gesto majestuoso, su mesura[15]... *(A* JIMENA *se le cae el libro de Horas[16].* MI-NAYA *se lo alcanza.)*

JIMENA.—*(Sonriendo.)* Gracias, Minaya.

JERÓNIMO.—... su barba nazarena, hecha un nudo como su corazón por volver a Castilla... Hace

---

[10]   Rodrigo fue dos veces desterrado por Alfonso VI. En los momentos en que no gozó de la amistad del rey, colaboró con diferentes monarcas, cristianos y musulmanes. Venció a varios reyes y conquistó Valencia en 1094.

[11]   Gala crea una metáfora bélica aludiendo al juego del ajedrez, que fue traído a la Península por los musulmanes. Fue ésta una de las muchas aportaciones que la cultura árabe llevó a Europa a través del puente cultural que fue al-Andalus durante la Edad Media. También dio a conocer la literatura hindú, la persa, la filosofía aristotélica, etc.

[12]   *Dios de Sabaoth:* nombre que da *La Biblia* al dios de los ejércitos.

[13]   *musitado:* susurrado, dicho entre dientes.

[14]   *ceñidor:* faja, cinta con que se ciñe el cuerpo por la cintura.

[15]   *mesura:* moderación, discreción.

[16]   *libro de Horas:* libro en que se contienen las horas canónicas, que son las diferentes partes del oficio religioso que se rezan en distintas horas del día, como maitines, laudes, vísperas, prima, etc.

dos años[17] hoy, nos dejó solos el más honrado de los hombres. Nació en una aldehuela[18], murió aquí siendo príncipe. Sus hijas son señoras de Aragón y Navarra[19]. Su progenie[20] reinará en muchas tierras... Y con todo, yo a veces me pregunto si no habremos soñado... Pero no: un día él vivió y otro se ha muerto. El insustituible, el leal, el lidiador[21], el justo. Vivió y ha muerto. *(Señala a los otros personajes.)* Ahí están las pruebas. Las enlutadas pruebas. Doña Jimena, viuda y fiel, que separó de él como se arranca la uña de la carne...

JIMENA.—¡Qué dentera!

10   JERÓNIMO.—Su hija doña María Rodríguez[22], esposa de Ramón Berenguer, conde de Barcelona. Y Minaya Álvar Háñez, su sobrino, valeroso y prudente, mediador con el rey Alfonso, padrino en las primeras infortunadas bodas de las hijas del Cid[23]...

---

[17]   Rodrigo Díaz de Vivar murió en 1099 en Valencia. Si hace dos años de su muerte, el comienzo de la obra se sitúa en 1101. *Anillos para una dama* acaba con el abandono de Valencia, que ocurrió en 1102. Por tanto, los hechos que se desarrollan tienen lugar en aproximadamente un año.

[18]   *aldehuela:* aldea.

[19]   Su hija Cristina se casó con Ramiro de Navarra y María estuvo casada en primeras nupcias con Pedro, infante de Aragón, del que enviudó. Más tarde se casó con Ramón Berenguer III, conde de Barcelona, que es al que se alude a lo largo de la obra.

[20]   *progenie:* familia.

[21]   *lidiador:* batallador.

[22]   En la Edad Media, los hijos tomaban como apellido un derivado del nombre del padre compuesto por el sufijo *-ez* o *-iz*. De ahí que el apellido de la hija de Rodrigo sea Rodríguez. Otros ejemplos son González, Martínez, Pérez...

[23]   En el *Cantar de Mio Cid* se casan las hijas del Cid con los infantes de Carrión. Éstos, después de maltratarlas, abandonan a sus esposas en el robledal de Corpes. Por eso se les considera infortunadas. Históricamente no son ciertas y jamás los infantes de Carrión tuvieron relación alguna con la familia del Campeador. Fue el autor del *Cantar* quien quiso enlazarlos porque tomaba partido en ciertas luchas familiares de la época en que se escribió, casi siglo y medio después de la muerte de Rodrigo.

MARÍA.—*(Tajante.)* ¡Qué inoportuno!

JIMENA.—Ahora eres tú la que no deja oír.

JERÓNIMO.—He ahí las pruebas... Ya nunca más tendremos un señor semejante. Dios quiso arrebatárnoslo para Cid de sus ángeles. Esta tierra era estrecha para él... «Nemo propheta acceptus est in patria sua»[24]... Ojalá todos lo encontremos, junto a Santa María y su Hijo Jesucristo, que vive y reina con Dios Padre y el Espíritu Santo por los siglos de los siglos.

TODOS.—*(Junto con muchas más voces.)* Amén. *(Se santiguan. Se levantan las arrodilladas. La luz acompaña a* JIMENA *y* CONSTANZA *hacia un lateral. Desaparecen los otros. Mientras avanza, sin solución de continuidad, levantándose el velo.)*

15   JIMENA.—Largo estuvo el obispo... Ya chochea.

CONSTANZA.—Pues no tiene edad de eso.

JIMENA.—Entre el calor y el velo pensé que me iba a dar un torozón[25]. *(Se quita el velo. Viene la luz total. Estamos en una cámara del Alcázar; algún escabel[26], una ventana, un espejo de mano, quizá tras un cortinaje se adivina la cama de* JIMENA.*)* Dos años ya... O doscientos, qué sé yo... Ayúdame, Constanza. Si me gusta ponerme ropa larga es por podérmela quitar luego y pensar qué bien se está sin ella... *(*CONSTANZA *comienza a desvestir a* JIMENA,

---

[24] «*Nemo propheta acceptus est in patria sua*»: «Nadie es profeta en su tierra», palabras que pronuncia Jesús en su visita a Nazaret (Juan, 4, 44).

[25] *torozón:* sofoco que tienen las mujeres durante la menopausia. Se nos indica así que Jimena ya no es una jovencita.

[26] *escabel:* pequeño asiento sin respaldo, especie de taburete.

con las pausas que marque el diálogo. La ropa interior de JIMENA *es absolutamente actual*[27].) Dos años ya... ¿Cuántos llevas tú viuda?

CONSTANZA.—*(Riendo.)* ¡Uh! De nacimiento, hija... Yo siempre me recuerdo con estos trapos negros... Una semana me duró el marido.

JIMENA.—*(Sonriendo.)* A mí, un poquito más.

20 CONSTANZA.—Hoy, en el funeral, intenté recordar cómo tenía los ojos. No pude conseguirlo. Color de ojo serían... Y ni siquiera lo mataron los moros, que es lo que está mandado; se murió de tercianas[28], como un tonto... Ya ves qué vida... Cuando tú te casaste, yo era requeteviuda.

JIMENA.—*(Pensativa de repente.)* Cuando yo me casé... También un mes de julio como éste[29]...

CONSTANZA.—¡Pero en Oviedo! Allí no hace este calorazo ni este olor a magnolias, que trastorna...

JIMENA.—*(Yendo hacia la ventana imaginaria.)* Este calor es bueno... Y este mar... *(Está de espaldas. Se vuelve.)* El acta de mi boda la firmó mi tío Alfonso y las Infantas Elvira y Urraca[30]... —qué dos pájaras, madre— y muchos nobles de León y Cas-

---

[27] Dice López Estrada que cuando Jimena se quita sus ropas, es como si se quitase el vestido de la Historia y se quedase en su condición femenina sin más. (Francisco López Estrada: «El drama de Antonio Gala sobre la Jimena del Cid», *Pliegos de Cordel,* Instituto Español de Cultura, Roma, 1983, pág. 38).

[28] *tercianas:* enfermedad que consiste en fiebres que repiten cada tres días.

[29] Jimena y el Cid se casaron en 1074.

[30] *Elvira y Urraca:* hijas de Fernando I y hermanas de Alfoso VI. Efectivamente, ambas firmaron la carta matrimonial de Rodrigo y Jimena.

tilla... *(Con otro tono, como si lo anterior lo hubiera dicho sólo para llegar ahí.)* Y Minaya.

CONSTANZA.—*(Con intención.)* Está guapo Minaya.

25   JIMENA.—*(Haciéndose la indiferente.)* ¿Tú crees?

CONSTANZA.—Mejor que antes. De joven yo le encontraba cara de conejo.

JIMENA.—Ha sido muy amable viniendo a este segundo aniversario. *(Íntima.)* De jóvenes, todos tenemos cara de conejo, Constanza... Y lo somos. Es el tiempo el que nos va haciendo personas.

CONSTANZA.—Pues lo que es yo, debo ser más persona que nadie. Demasiada persona... Tú, sin embargo, mira qué real moza. Lo que se dice una mujer hecha y derecha.

JIMENA.—Hecha y deshecha, Constanza. Hecha y deshecha[31]... Acuérdate de cuando me vestiste a los catorce años para entregarme al Cid[32]...

30   CONSTANZA.—*(Para distraer la pequeña tristeza de* JIMENA.*)*

> De paño de Londres fino
> era el vestido bordado,
> unas garnachas[33] muy justas

---

[31] *Hecha y deshecha:* juego lingüístico basado en un cambio de fonema.

[32] En la Edad Media era habitual que las mujeres se casaran a edad temprana.

[33] *garnachas:* vestido parecido a la toga.

con un chapín[34] colorado
y un collar de ocho patenas
con un San Miguel colgado,
que valieron una villa
solamente con las manos[35].

JIMENA.—¡Qué boba eres! *(Ha reído. Vuelve a su recuerdo.)* Catorce años... Y a los veinte me metieron en San Pedro de Cardeña[36] y me pusieron a bordar paños de altar, que se dice muy pronto... Yo me acordaba allí de esas manzanas que en mi tierra ponen entre paja para conservarlas[37]. Las manzanas de invierno. Limpias, rojas, brillantes, bien guardadas sin saber para quién. Sin saber ni qué boca ni qué hambre les hincarán el diente.

CONSTANZA.—Podrás quejarte tú, que te llevaste un hombre como no había otro... La flor y nata de Castilla: ya se lo oíste a don Jerónimo. El brazo izquierdo hubiera dado yo por poder apretar con el derecho, una vez sólo, la cintura del Cid.

JIMENA.—*(Riendo.)* Descarada.

CONSTANZA.—Yo y todas, por supuesto... Todas mancas... *(Jugueteando con* JIMENA.*)* Pero te lo llevaste tú solita, avariciosa, traidoraza, urracona[38]...

JIMENA.—Ay, déjame, Constanza, no me hagas cosquillas...

---

[34] *chapín:* calzado muy usado antiguamente por las mujeres.
[35] Canción en forma métrica de romance.
[36] Monasterio de la provincia de Burgos donde Jimena y sus hijas vivieron durante el destierro del Cid.
[37] Jimena era asturiana y allí se producen muchas manzanas.
[38] *urracona:* picaruela.

CONSTANZA.—Todo ese hombrón para esta carne blanca, para estos hombros lisos y redondos, igual que esas manzanas que tú dices...

JIMENA.—*(Hondamente.)* Y tanto...

CONSTANZA.—... para estos pechos, que ni los de Santa Águeda[39]...

JIMENA.—Calla, que tú, para ser viuda vieja, buena memoria tienes, sinvergüenza... *(Seria.)* Hoy vendrá a comer Minaya, que todo esté dispuesto... *(Asociando ideas, con el espejo en la mano.)* Me miro en el espejo esta mañana y pienso que no ha pasado tanto tiempo. Tengo los mismos ojos, me parece... *(Se sienta.)* No sé. Te juro que vuelvo hacia atrás la cabeza y no sé cómo he llegado aquí... A estar sentada aquí esperando la muerte.

40 CONSTANZA.—¡Ay! No hables de esas cosas. Y termina de quitarte ese cilicio[40].

JIMENA.—Otros días me miro en los espejos y me digo: «¿De quién son esos ojos?» Yo tenía la mirada tan joven... ¿Seré yo aquella misma Jimena de otro tiempo u otra que ha nacido ya vieja?... Se acabó para siempre. Me han prestado esta vida que no me gusta. Se han llevado la mía. Cuando su dueño venga a recogerla, se la daré encantada y le diré: «Te la devuelvo igual que me la diste. No la he usado nunca. Ni un día la he usado...»[41]

---

[39] Santa Águeda fue una mártir siciliana, que vivió durante la persecución romana a los cristianos. No se dejó seducir por el gobernador de la isla, quien mandó que le arrancaran los pechos.

[40] *cilicio:* faja que contiene cadenillas de hierro con puntas. Al ceñirse al cuerpo junto a la carne produce desgarros. Se ha usado para mortificaciones ascéticas.

[41] Jimena está frustrada y tiene conciencia de que no ha vivido su propia vida.

CONSTANZA.—No te pongas tú triste, paloma...
Mira por la ventana... Qué cielo. Qué arboleda. Qué
aire de oro.

JIMENA.—Ya no tendré nunca más catorce años,
Constanza... Ni veinte. Ni cuarenta. Ni siquiera cuarenta.

CONSTANZA.—Y yo no tendré nunca más sesenta y ocho y mira cómo estoy: vivita y coleando... Hecha una facha, con la cara igual que un estropajo,
medio calva, los ojos como dos ciruelas pasas...
Pero viva, Jimena. ¡Viva! Anda y que le den dos duros a los muertos[42]... *(Entra* MARÍA.*)*

45 MARÍA.—*(Eficaz, contundente, segura y realista,
como siempre.)* ¡Estás loca, mamá! ¿Qué haces
desnuda en la ventana?

JIMENA.—No estoy desnuda, hija... Ay, estas ca-
talanas[43], qué humor más malo tienen... Dame la
bata blanca, Constanza.

MARÍA.—¿Blanca, mamá?

JIMENA.—*(Aún no del todo picada.)* Sí, blanca,
hija... Hoy empieza el alivio de luto... ¡Son dos años!

MARÍA.—*(Al ver, sobre una credencia o algo así,
el ceñidor de pedrería.)* Has hecho mal llevando joyas a los funerales.

50 JIMENA.—¡Eso no es una joya! *(Despectiva.)* Joyas son la corona de la reina, los diamantes de las
princesas, el anillo del arzobispo y otras bisuterías...

---

[42] *Que le den dos duros a los muertos:* forma coloquial que expresa el tema del *carpe diem* de Horacio.

[43] Jimena llama catalana a su hija María porque está casada con
el conde de Barcelona.

MARÍA.—¿Y esto? *(Tomando el ceñidor.)*

JIMENA.—Mucho más que eso. En toda la corte de León no hay nada que se le parezca.

MARÍA.—Pues más a mi favor.

JIMENA.—¡El ceñidor de la Sultana! Vale lo que toda Valencia... El verdadero tesoro del rey Alcadir[44]... Regalos buenos sí que me hizo tu padre, la verdad. Hubiera estado orgulloso de verme entrar con él por las puertas de la catedral esta mañana. Siempre le gustó que fuese bien vestida... *(A CONS-TANZA.)* Yo creo que le gustaba más vestida... *(A MA-RÍA.)* Tu primo Minaya elegía los trajes y me los llevaba hasta Cardeña. Pero tu padre pagaba las facturas, eso sí. *(Otro tono.)* ¿Te acuerdas tú de San Pedro de Cardeña?

55 CONSTANZA.—*(Mientras ordena la ropa.)* ¡No ha de acordarse! ¡Ni que fuese tonta! Si era ya una mujer... Se casaron con los Infantes de Carrión al año y medio de salir de allí.

JIMENA.—*(Divertida en el fondo.)* ¡Hala! ¡Vaya mañana que lleváis el Obispo y tú! De esas bodas no se habla... *(Se acerca a MARÍA, le levanta la cara, le acaricia el entrecejo.)* Entonces no tenías esta arruguilla que se te ha hecho aquí.

MARÍA.—*(Apartándose.)* Deja, mamá.

JIMENA.—*(Un poco obsesiva.)* ¿Qué te pasa, María? ¿Es que no eres feliz con tu marido?

---

[44] *rey Alcadir:* rey musulmán de Toledo y Valencia. Guardó su tesoro en el castillo de Olocau poco antes de ser asesinado. Este castillo se rebeló contra el Cid, quien lo atacó y tomó. Las joyas no estaban, ya que al parecer las había robado el asesino. Cuando fueron halladas, el Cid repartió el botín con sus hombres.

MARÍA.—¡Qué cosas tienes! Qué tendrá que ver un marido con mi entrecejo... ¿Ni qué es eso de ser feliz con el marido?

60 JIMENA.—*(A* CONSTANZA.*)* Explícaselo tú, anda... Constanza, como sólo estuvo casada una semana, ha tenido mucho tiempo para imaginarse qué es ser feliz con el marido. Yo, mientras esperaba al mío, he perdido la vida. No sé qué es... *(A* CONSTANZA.*)* Díselo, díselo...

CONSTANZA.—Pues... eso. Verle llegar y abrírsete las carnes... *(Ríe* JIMENA, *maliciosa.)* Ay, en el buen sentido, no seas mal pensada... Sentirse cosa suya, agua suya que bebe. Coger su mano, tan enorme, entre tus manos, y parecerte que estás meciendo un hijo. *(*JIMENA, *pensativa, soñadora, aprueba con la cabeza.)*

JIMENA.—Qué bonito, ¿verdad?

CONSTANZA.—Ver sus caderas, tan estrechas, y saber que allí se acaba el mundo... Mirarte en sus ojos, chiquitita, y no querer crecer y querer que él te lleve así, chiquita, en sus ojos a donde vaya...

MARÍA.—¡Eso son porquerías!

65 JIMENA.—Qué puritanas sois en Barcelona, hija. Con lo que presumís de afrancesadas. *(Un cambio. Una verdad. Acercándose.)* Diviértete. Disfruta. Agarra con los dientes tu vida, la que creas que es tu vida, y que te maten antes de soltarla[45]... ¡Vive, María, vive! Tienes razón, Constanza. Porque a mi edad, nadie va a agradecerte que hayas dejado de vivir.

---

[45] Nueva alusión, ahora en boca de Jimena, del *carpe diem.*

MARÍA.—*(Fría.)* No te entiendo, mamá.

CONSTANZA.—Pues mira que está claro...

JIMENA.—Tu vida es sólo tuya. Que no te la destrocen. Nadie. Ni rey ni roque[46]... Con una mujer sacrificada basta en una familia.

MARÍA.—*(Irónica.)* ¿Sacrificada? ¿Tú? Qué vocación de víctima...

70   JIMENA.—*(Muy directa.)* Dime, María, ¿estás enamorada?

MARÍA.—*(Con intención.)* ¿De quién? ¿De mi marido?

JIMENA.—*(Algo desconcertada.)* Pues... de momento, sí.

MARÍA.—Mi matrimonio no tuvo nada que ver con el amor.

JIMENA.—Ni el mío. Ni el de nadie[47]... Pero a veces se dan casualidades... La gente se acostumbra...

75   MARÍA.—Hablemos de otra cosa, mamá, si te parece... El primo Minaya está al llegar...

JIMENA.—*(Abstraída.)* ¿A eso le llamas tú hablar de otra cosa?

MARÍA.—Debes vestirte.

JIMENA.—¡Qué manías te dan! Pero si estoy vestida...

---

[46] *ni rey ni roque:* expresión coloquial que significa nadie.

[47] Tanto las bodas de Jimena con el Cid, como las de María y Ramón fueron hechas por razones políticas. Era costumbre que a la mujer no se le pidiera opinión a la hora de elegir marido.

MARÍA.—Muy impropiamente, mamá. Eres doña Jimena, viuda del Cid, ¿te suena?, Princesa de Valencia.

80   JIMENA.—¿Y voy a dejar de serlo por llevar esta batita? Pues yo encuentro que es mona.

MARÍA.—*(Concluyente.)* Estás loca, mamá.

JIMENA.—*(Un poco irreal y, sin embargo, exactísima.)* Los actores que representan una historia sin los trajes, ni los objetos, ni las palabras adecuadas; sin todo el *atrezzo*[48] que le corresponde a esa historia, pueden parecer locos... Pero más locos son los que creen estar representando la verdadera Historia, la Historia con mayúscula, hija mía... *(Más cercana.)* Yo siempre me he encontrado perdida en esa Historia grande. Me ha sobrado Historia por todos lados[49]... *(Maliciosa.)* El muerto era mayor... Y me he visto obligada a reducirla a límites caseros... Aunque te lo parezca, no estoy loca. Soy sencillamente una viuda que ha echado bien sus cuentas, ha eliminado gastos excesivos y se ha apretado el cinturón. *(Se aprieta el de la bata.)* La vida que llevaba con tu padre, además de no ser la mía, era muy cara. He preferido no seguir viviendo tan por encima de mis posibilidades... ¿Has comprendido? *(Una tensión que sorprende* MINAYA *al entrar. Algo capta.)*

MINAYA.—Perdón... Me han dicho que me esperabais...

---

[48]   *atrezzo:* voz italiana que se utiliza en el argot teatral para referirse a los utensilios y enseres que conlleva una representación.
[49]   Jimena está harta de que la Historia haya entrado en su historia.

JIMENA.—Sí, Minaya. Llevamos, por lo menos, dos años esperándote. *(Le tiende la mano, que él besa.)* ¿Te has dado cuenta? Ahora llevo dos anillos en la mano derecha: el mío y el del Cid[50]... Es costumbre de viudas... *(A* MARÍA.*)* Acompaña a tu primo, María. Yo no tardo. *(Al salir con* MARÍA, MINAYA *se vuelve un segundo. Intensamente.)* No tardaré, Minaya. *(Salen. Comienza a cambiarse de ropa, pero no sabemos si es por eso por lo que añade.)* Tengo que darme prisa. No puedo perder tiempo... Al fin y al cabo, no me queda tanto... ¿De veras crees, Constanza, que Minaya de joven tenía cara de conejo? *(La luz, que se redujo al lateral por donde salió* MINAYA *y quedaron* JIMENA *y* CONSTANZA *, va hacia el opuesto por donde entran en escena, siguiendo una conversación,* MARÍA *y* MINAYA.*)*

85   MARÍA.—La sombra de mi padre ha protegido, hasta ahora, a Valencia. El Cid, después de muerto, gana aún batallas[51]... Dentro de poco todo va a ser distinto. Supongo que ya lo habrás notado... Mi marido ha hecho cuanto ha podido...

MINAYA.—*(Con ironía, quizá.)* Ramón Berenguer fue siempre buen amigo. Y es lógico que aspire a incorporar Valencia a su Condado[52].

---

[50]   Esos dos anillos, el de esposa y el de viuda, son los que encadenan, aprisionándola, la vida de Jimena. El título, *Anillos para una dama,* alude directamente a este hecho.

[51]   Es una de las frases míticas que se han dicho del Cid, que ganó batallas después de muerto. Se basa en una leyenda que explica cómo sus soldados, a punto de perder un combate, colocaron su cadáver sobre Babieca y su sola presencia aterrorizó a los enemigos, que huyeron despavoridos.

[52]   Ya su tío el conde Berenguer tuvo que renunciar a Valencia en favor del Cid. Ramón Berenguer III hostilizó al Cid en Oropesa. Poco después contrajo matrimonio con María, probablemente para satisfacer sus ansias de poseer la capital levantina.

MARÍA.—No se trata de eso... De un momento a otro, los almorávides estrecharán el cerco[53]. Es al rey Alfonso a quien compete defender la ciudad; ya que te vas hoy mismo, díselo cuando llegues. Puesto que le gusta llamarse emperador, que actúe como tal. Mi madre, sola, no podrá mantenerla[54]... Además, a mi madre no le interesa la política.

MINAYA.—*(Un poco divertido.)* ¿Y a ti, sí?

MARÍA.—Yo soy de otra generación. Yo soy hija del Cid: llevo su sangre. Y ayudo a mi marido en su carrera.

90   MINAYA.—¿Por amor?

MARÍA.—En este alcázar todos hablan de amor... A cuántas cosas les llamamos así.. O quizá a qué pocas... *(Entra* CONSTANZA *con un servicio de café[55] que deja en una mesa morisca.)* Dime qué es el amor. ¿Ver el mundo a través de otros ojos? ¿Mirar el mar y saberse incompleto? ¿Ver algo hermoso y querer compartirlo? Tonterías. Necesitar de alguien para seguir viviendo es una humillación... Para amar hace falta mucho tiempo libre. Yo nunca lo he tenido.

MINAYA.—Tu madre, sí. En San Pedro de Cardeña, durante muchos años...

---

[53] Los almorávides entraron en la península Ibérica a fines del siglo XI, atendiendo a la llamada de reinos debilitados. No sólo vencieron a tropas cristianas, sino que depusieron a los monarcas musulmanes unificando al-Ándalus bajo hegemonía almorávide hasta mediados del siglo XII con los ataques almohades.

[54] Mazdalí cayó sobre Valencia a fines de agosto de 1101 y la cercó durante siete meses. Jimena tuvo que pedir ayuda a Alfonso VI, a quien tenía intención de entregársela.

[55] La presencia del café es uno de los anacronismos usados por Gala para conseguir universalidad en el tema que presenta. El café contiene además un significado simbólico.

MARÍA.—*(Dura, interrumpiendo.)* Mi madre es una antigua. Las mujeres de mi clase tienen otro quehacer mejor que enamorarse. Enamorarse es cosa de criados (CONSTANZA *acusa el picotazo),* el consuelo de la gente menuda... El amor no es necesario para nada importante. Mantener una casa, un nombre, un reino, tener un heredero... todo eso puede hacerse sin amor. Incluso te diría que sin amor se hace más fácilmente.

CONSTANZA.—*(Saliendo.)* Qué cosas hay que oír.

95 MINAYA.—*(Sonriendo a lo que ha dicho CONSTANZA.)* Tú estuviste siempre enamorada de tu padre, ¿no es cierto?

MARÍA.—De alguna forma, sí [56]... ¿Qué mujer hubiera podido no estar enamorada del Cid? *(Por el fondo, inadvertida, aparece* JIMENA.)

MINAYA.—Quizá la suya... (MARÍA *sostiene la mirada de* MINAYA.)

MARÍA.—*(Cortando.)* No creo que el rey Alfonso VI te haya mandado aquí para hablar de estas cosas.

JIMENA.—*(Avanzando.)* Contigo, por lo menos, desde luego que no... He ordenado servir aquí el café. Hace más fresco. Hay un bochorno hoy... *(Se sienta en una mecedora.)* Va a haber tormenta.

100 MARÍA.—*(Con intención.)* Ya lo creo que va a haberla. Y antes de lo que crees.

JIMENA.—María.

---

[56] Subyace en María el complejo de Electra, con el que Freud bautizó el sentimiento inconsciente de amor de la hija hacia el padre. El nombre proviene de una tragedia griega de Esquilo.

MARÍA.—*(Cuando su madre va a servirla.)* Yo no tomo café.

JIMENA.—*(Sirviendo a* MINAYA.*)* ¿Solo, Minaya?

MINAYA.—Con un poco de leche. *(Mientras ella se la pone, él le sirve café.)* ¿Quieres azúcar?

105 JIMENA.—No. El azúcar engorda... Hay un tiempo para cada cosa. Creo que es la Biblia quien lo dice, en el Eclesiastés[57]... Un tiempo para el café con leche y mucha azúcar. Un tiempo para el café cortado... Las viudas lo debemos tomar solo y amargo: le va mejor al luto.

MARÍA.—*(Crispada.)* Yo no tomo café.

JIMENA.—Lo hemos oído. Eres muy dueña... Supongo que también hay un tiempo de no tomar café. Lo miraré en la Biblia... *(Se mece un poco. Bebe.)* Está bueno, ¿verdad? (MINAYA *afirma sonriente.)* ¿Otra taza?

MARÍA.—*(Saltando.)* Mamá, sabes perfectamente que Mazdalí[58], el mejor general almorávide, viene a sitiar Valencia. Y tú estás aquí, vestida de claro, abanicándote, jugando a la anfitriona y charlando del tiempo. Es increíble.

JIMENA.—No seas pesada, niña. Ni alarmista, que es lo peor del mundo... Porque ese Mazdalí no pueda estarse quieto, con el calor que hace, que ya son ganas... ¿Qué es lo que quieres? ¿Que me suba a las murallas dando saltos como una mona

---

[57] El *Eclesiastés* es uno de los libros de *La Biblia.* Allí dice: «Todo tiene su momento y todo cuanto se hace debajo del sol tiene su tiempo» (3,1).
[58] *Mazdalí:* general almorávide enviado por Yusuf a sitiar Valencia.

y agarre una insolación? ¿O que me encasquete la diadema y me líe a mandobles[59] con todo el que se me ponga por delante...? Cuando se murió tu padre, según tú, yo debería haberme prendido fuego como un bonzo[60]... (MARÍA *se levanta.*) Ahora que estoy tranquila, tomando café solo —fíjate qué frivolidad— quieres que me desmelene y forme en los adarves[61] una marimorena... Ya estoy harta de moros y cristianos, María. Déjame por lo menos en paz a la hora de la siesta, caramba. ¡Un poco de formalidad!

110   MARÍA.—Con vuestro permiso, me retiro.

JIMENA.—No sólo con nuestro permiso, sino con nuestro aplauso. *(Sale* MARÍA.) No se puede negar que María ha tenido, desde pequeña, una extraña virtud.

MINAYA.—¿Cuál?

JIMENA.—La de sacarme a mí de quicio... Bueno, por fin vamos a podernos tomar una tacita de café sin contar con la Historia... *(Bebe. Lenta.)* Está tan rico que tengo la impresión de ser infiel a la memoria de alguien... *(Otra vez superficial.)*[62] Hasta voy a ponerle un poquito de azúcar, no te digo más. *(Lo hace. Bebe. Se mece.)*

---

[59] *y me líe a mandobles:* expresión vulgar en labios de Jimena. Significa ponerse a pelear.

[60] Otro de los anacronismos de la obra. Los bonzos son sacerdotes del culto a Buda en Asia Oriental. Durante los años 60 y 70 algunos de estos monjes expresaron su rechazo a la sociedad occidental suicidándose públicamente al prenderse fuego con gasolina. En algunas culturas orientales las mujeres también morían así al quedarse viudas.

[61] *adarve:* muro de una fortaleza.

[62] Contrasta la hondura de algunos temas con la superficialidad del tono que emplea Jimena para quitar dramatismo a algunas situaciones.

MINAYA.—*(Encantado por ella.)* Siempre me sorprendiste.

115 JIMENA.—*(Coqueta.)* ¿Yo?

MINAYA.—Siempre me sorprendió tu pasión por la vida. Tu habilidad para sacarle jugo a todo: a un clavel, al calor, a un abanico, a un terrón de azúcar...

JIMENA.—Sí, sé roer mi hueso.[63] La vida me ha enseñado a sacarle partido... En contra de lo que todos creen, no me ha dado gran cosa; un pobre hueso apenas, sin carne casi... Qué digo casi: sin ninguna carne... pero, eso sí, mucha hambre. Lo prefiero... Hay gente, como mi hija María, a quienes la vida les da sólo aperitivos. Y eso estraga el estómago. Viven tomando sin parar aceite de hígado de bacalao para abrirse la gana de comer. Cuando por fin se les abre, se pudrió la comida: ya no es hora... Yo, no. Yo sé roer mi hueso.[64]

MINAYA.—Hay quien no tuvo nunca ni hueso que roer.

JIMENA.—*(Coqueta y encantadora.)* Mentira, Minaya, solterón, mentira... A mí no puedes engañarme. Tú y yo sabemos que el oficio que te ha dado la vida fue muy cómodo: echar de menos. Soñar siempre con alguien que, cuando conociste, iba a ser de otro. ¿A que sí? Tener un ideal inalcanzable.

---

[63] *sé roer mi hueso:* sé sacar el máximo partido a las cosas.
[64] Todo este fragmento presenta una alegoría de elementos pertenecientes al campo semántico gastronómico, referidos a la vida y sus posibilidades.

120   M<small>INAYA</small>.—¿Y te parece cómodo?

J<small>IMENA</small>.—Ay, sí. Servir la cena a los demás es cómodo. Más que cenar. «La cena de los camareros», decimos. «Pobrecillos. Cenar tarde, a deshora, después de haber servido a los señores, con la comida fría y un asco en el estómago»... Pero es mejor. Han estado soñando con su cena o con lo bien que se debe estar siendo servidos. Y no es verdad... Ay de aquellos cuyos deseos se cumplen. Lo bueno es desear, echar de menos... Si tú supieras qué mal huele cuando se pudre un ideal. Si tú supieras lo que es echar de más, Minaya... *(Más superficial.)* En esta tonta comedia de la vida, cuyo argumento sólo al final se nos cuenta, no hay más que dos papeles bonitos realmente: el del Cid, el del héroe por encima de todo; que ignora el precio de las cosas, sobre el que giran los grandes días y las grandes noches de una guerra feliz... *(Suspirando.)* Para ellos todo es grande y feliz. Sangrante y peligroso, pero feliz... Porque se trata de una guerra suya, que ellos han inventado, a la que nos llevan a los otros a ciegas, como el caballo de los picadores.

M<small>INAYA</small>.—*(Para bajarla hasta él.)* ¿Y el otro buen papel?

J<small>IMENA</small>.—El de Minaya. El amigo perfecto, el capitán osado y obediente que sabe bien cuál es su sitio —en la segunda fila, por supuesto, pero bueno también—, el enamorado que románticamente renuncia a lo que de antemano sabe que sería inútil desear... *(Concluyendo.)* El resignado —en el fondo, un cobarde— y el héroe: esos son los   **95** mejores papeles.[65]

MINAYA.—*(Con la voz ronca de emoción.)* ¿Tú crees que soy cobarde yo, Jimena?

125 JIMENA.—Con los moros, no... Pero eso no es difícil: el caballo te lleva. Conmigo, sí... Minaya, ¿por qué no hablamos claro?

MINAYA.—¿Ahora? ¿Para qué?

JIMENA.—Toda tu vida te has estado haciendo esa pregunta: «¿Ahora, para qué?» Y es lo que te ha perdido. Ésa es tu cobardía. Para vivir hace falta más valor que para resignarse.

MINAYA.—Y para renunciar, ¿no hace falta valor?

JIMENA.—*(Un poco cruel.)* Lo que hace falta para renunciar es tener algo. Y tú no tenías nada.

130 MINAYA.—Se puede renunciar hasta a la posibilidad de tener algo. Hasta a la más remota posibilidad.

JIMENA.—*(Con un temblor.)* ¿Tú sabes de lo que estoy hablando?

MINAYA.—Sí, Jimena.

JIMENA.—Estoy hablando de amor, Minaya.

MINAYA.—Sí, Jimena.

---

[65] Jimena dibuja perfectamente los papeles de sus dos hombres: el Cid es el héroe material de la Historia y Minaya es el soñador idealista. Su postura es cómoda porque está resignado y no va a luchar por su amor. En toda la obra, Minaya se mostrará así: cobarde y sumiso ante órdenes superiores, incapaz de seguir su voluntad. De su falta de iniciativa será Jimena la víctima.

135   JIMENA.—*(Comenzando la dulce serie de sus quejas.)* El Cid me mandaba a San Pedro de Cardeña contigo sus regalos. Él no fue nunca.

MINAYA.—Estaba desterrado.

JIMENA.—El Cid te hizo padrino de las primeras bodas de Cristina y María.

MINAYA.—Él no estaba contento con esos matrimonios.

JIMENA.—*(Saltando.)* Naturalmente que lo estaba. Encantado. Lo que pasa es que no se fiaba del rey Alfonso y prefirió que dieras tú la cara... *(Tono de antes.)* El Cid te dio encargo de traerme a Valencia desde Burgos[66]... Quince largos días a caballo, ¿te acuerdas?... Castilla hasta Medinaceli[67], y el juego de cañas[68] junto al Jalón[69].

140   MINAYA.—Luego, picando espuelas, por Arbujuelo[70] arriba, atravesamos el Campo de Taranz[71] y llegamos a Molina[72]... ¿Te acuerdas de Molina? ¿Te

---

[66] Ese episodio aparece en el *Cantar de Mio Cid,* aunque seguramente no tiene raíces históricas. Todas las alusiones que hacen Jimena y Minaya a lugares y personajes corresponden al *Cantar.*

[67] *Medinaceli:* municipio de la provincia de Soria. En 1083 la conquistó Alfonso VI, pero nueve años más tarde formaba parte de los dominios del rey moro de Zaragoza.

[68] *juego de cañas:* combate simulado que se celebraba en fiestas, y en el que se luchaba con cañas en lugar de lanzas.

[69] *Jalón:* río que atraviesa parte de las tierras que recorrieron Minaya y Jimena en su viaje a Valencia.

[70] *Arbujuelo:* lugar próximo a Velilla de Medinaceli, provincia de Soria.

[71] El *Cantar de Mio Cid* lo llama Mata de Taranz.

[72] *Molina de Aragón:* municipio de la provincia de Guadalajara.

acuerdas del alcalde Abengalbón[73]?

JIMENA.—Abengalbón, el moro, que te miraba a ti, después a mí y se sonreía. Y sonreías tú, Minaya... Y sonreía yo, sin saber bien por qué. Hasta llegar a estos verdores de Levante... Largos días tú y yo. Callados. Tan callados.

MINAYA.—El Cid me había dado toda su confianza. No podía defraudarle.

JIMENA.—Para eso te la dio. Él te conocía bien: sabía que confiando ciegamente en ti, te ataba pies y manos...

MINAYA.—Pero ¿tú crees que él supo...?

145 JIMENA.— *(Tierna, jugando a la descubierta.)* ¿El qué? ¿Que estabas enamorado de mí? Pues claro que lo supo. Y yo. Y el rey[74]. Y el moro Abengalbón. Y el caballo Babieca. Y el abad de Cardeña[75], que ya es decir... De eso te acuso ahora. De no habérmelo dicho.

MINAYA.—Lo sabías, pero querías que te lo dijera.

JIMENA.—Naturalmente. ¿Cómo te crees que somos las mujeres? Lo único que queremos que

---

[73] *Abengalbón:* fue el último rey de Molina y no hay documentos que apoyen la relación que el *Cantar de Mio Cid* le atribuye con Rodrigo y su familia. En efecto, en el Poema aparece como amigo leal al Cid: protege a Jimena y sus hijas en el viaje a Valencia, atiende a los infantes de Carrión y a sus esposas y acompaña a éstas a Valencia tras el episodio de Corpes.

[74] Se refiere a Alfonso VI, rey de Castilla y León.

[75] Tanto el *Cantar de Mio Cid* como las crónicas lo llaman Sancho. Se trata de un error, ya que el abad de Cardeña en la época del Cid era Sisebuto, que dirigió el monasterio de 1056 a 1086.

nos digan es lo que ya sabemos; lo que no sabemos es que no nos importa. *(Sincera y estremecida, a pesar de continuar el juego de amagar y no
dar[76] en esta escena.)* Me habría hecho tanta falta
en Cardeña, en esa soledad, saber que alguien soñaba con que yo fuera suya... No mi marido, no;
yo ya era suya. A ti y a mí, Minaya, la Historia nos
ha partido por el eje[77].

MINAYA.—Aquella noche, en Molina, en la cena
de Abengalbón, tú ibas de azul...

JIMENA.—Tú, de gris.

150   MINAYA.—Me regalaste una medalla de Santiago[78], que te había dado el abad de Cardeña.

JIMENA.—*(Intentando evitar ahora la confesión
total que ella ha provocado.)* No me hables de Cardeña. En casi veinte años, lo único que hice fue oír
misas y esperar... Bueno, y comer. Sobre todo, comer. Tres o cuatro veces cada día... Y han sido tan-
tos días. Qué asco, ahora que lo pienso: cuánto he
comido.[79]

MINAYA.—Todavía llevo la medalla. Mira.

JIMENA.—*(Desviando los ojos a la ventana.)* Se
ha nublado del todo... Ya va a haber que guardar
los abanicos hasta el año que viene... A lo mejor
entonces ya no estamos aquí, porque esos moros...

---

[76] *amagar y no dar:* sugerir pero no querer llegar hasta el fondo.
[77] *nos ha partido por el eje:* nos ha partido por la mitad.
[78] El sepulcro de Santiago se había descubierto en el año 813.
Se edificó una iglesia en el 899 y a partir de entonces el lugar se convirtió en un importante núcleo de peregrinaciones cristianas.
[79] De nuevo el contraste entre la aparente superficialidad en que
se escuda Jimena y el tono romántico de Minaya.

MINAYA.—*(Imparable.)* Te recordaba siempre cantando, debajo del nogal, a la luz de la luna, después de aquella cena...

155 JIMENA.—*(Con un temblor en la garganta.)* ¿Tú ves? Lo que yo digo: no he hecho más que comer...

MINAYA.—*(Muy bajo).* Y cantar... ¿Cómo decía la canción?

JIMENA.—*(Dejándose ganar por la emoción.)*

A pie van mis suspiros
camino de mi bien.
Antes de que ellos lleguen,
yo llegaré;
mi corazón con alas,
mis suspiros a pie.
Abierta ten la puerta;
abierta el alma ten...[80]

MINAYA

Antes de que ellos lleguen,
yo llegaré.

JIMENA

Acaso esté ya muerta
cuando te vuelva a ver.

160 LOS DOS

Mi corazón con alas,
mis suspiros a pie... *(Pausa.)*

---

[80] Canción que introduce Antonio Gala y que también tiene el esquema de romance, forma métrica tradicional castellana.

MINAYA.—Entonces la cantaste sonriendo.

JIMENA.—*(Que casi se ha limpiado una lágrima.)* Dónde habrá ido a parar aquella canción... Dónde habrá ido a parar aquella noche...[81] Ahora, cuando sonrío, se me llena la cara de arrugas. Por eso no sonrío, por eso y porque no tengo ningún motivo para sonreír... Pronto tendré cuarenta años, Minaya.

MINAYA.—Los tienes ya, Jimena. (JIMENA *ríe de haberse visto descubierta.)* Pero estás igual que cuando te vi bajar la escalera de los Condes de Oviedo[82] con tu traje de novia y supe, de repente, que había perdido mi vida. Tú bajabas la escalera de los Condes de Oviedo el día de tu boda. No sabías ni quién era Rodrigo, aún no lo conocías. Tus ojos saltaban de una cara a otra cara, de un invitado en otro... Se detuvieron un momento en mí. Quizá creíste que Rodrigo era yo...

JIMENA.—Sí, Minaya.

165   MINAYA.—Entonces alguien se adelantó, se interpuso y yo dejé de verte. Era Rodrigo que te ayudaba a bajar el último escalón. La suerte estaba echada.[83] Cualquier destino, por extraño que sea, se define en un solo momento: el momento en que el hombre sabe para siempre quién es. Yo, enton-

---

[81] Alusión al tema del *Ubi sunt?* Es un tema típico del tránsito entre la Edad Media y el Renacimiento. Se pregunta por dónde está todo aquello que el tiempo ha destruido. La composición más famosa que recoge este motivo con las *Coplas a la muerte de mi padre,* de Jorge Manrique.

[82] Los Condes de Oviedo eran los padres de Jimena.

[83] *La suerte estaba echada:* frase que pronunció Julio César al atravesar el Rubicón y lanzarse a la conquista de Roma. La frase latina es «Alea jacta est» y viene a significar que todo está ya hecho y lo que tenga que ser, será.

ces, en aquella mañana, supe que no iba a ser nunca jamás otra cosa que el fiel enamorado de Jimena... Que toda mi vida iba a consistir en llegar el segundo... He matado miles de árabes; la sangre me ha chorreado desde el codo; he sido el mejor brazo del Cid Campeador; he defendido un reino; me han escrito romances; he planeado cientos de batallas; he comido, como tú, un millón de veces... Lo único que no se ha dicho de mí es lo más importante, lo que soy: el silencioso, el silencioso enamorado de Jimena Díaz.

JIMENA.—*(Musitando.)* Gracias. Minaya.

MINAYA.—Tienes los mismos ojos, tan jóvenes, de antes.

JIMENA.—*(Pequeña sonrisa.)* Gracias.

MINAYA.—Y sonríes igual... Pienso en tus años en Cardeña, lejos del Cid, sola, de nadie, casi mía... Pienso cuando te acompañaba hasta Valencia, dichoso por tener dos corazones: uno a la izquierda *(señalándola),* otro a la derecha; desgraciado por acompañarte en nombre de tu dueño... He sido tan feliz sólo con verte cerca... Y ahora, más que cuando estaba vivo, el Cid me separa de todo lo que amo. *(Muy bajo.)* ¿Qué va a ser de mi vida?

170   JIMENA.—*(Intentando sobreponerse.)* La vida hay que ganarla, Minaya... Como una fortaleza. Es lo que yo le repito a mis hijas.

MINAYA.—*(Derrotado.)* Ellas tienen veinte años. Ni tú ni yo los tendremos nunca más.

JIMENA.—*(Como un eco.)* Nunca más...

MINAYA.—¿Sabes de lo que estoy hablando?

JIMENA.—Sí, Minaya.

175   MINAYA.—De amor, Jimena.

JIMENA.—Sí, Minaya.

MINAYA.—De amor... antes de irme. Tú te quedas aquí, cerca del mar. Yo me vuelvo al desierto de Castilla.. Para siempre, Jimena. *(Con un esfuerzo.)* El café se ha enfriado. Y entre los dos, el Cid. Como siempre, Jimena.

JIMENA.—*(Vencida.)* Está completamente frío este café.[84]

MINAYA.—Adiós. Tú y yo sabíamos que hoy vine a despedirme... Que nos veríamos por última vez hoy...

180   JIMENA.—*(Levantándose hacia la ventana, en el colmo de la emoción, que procura ocultar.)* Ha empezado a llover... ¿o son mis ojos?

MINAYA.—*(Cerca de ella.)* Adiós.

JIMENA.—*(Para retenerlo un segundo más.)* Qué bien huele la tierra... *(Están frente a frente, diciéndose con los ojos lo que no se atreven a decirse.)* Recuerdo el chaparrón que nos cogió a las puertas de Burgos... Tú me prestaste tu sombrero y se quedó que daba pena verlo.

MINAYA.—Lo estrenaba aquel día.

JIMENA.—*(Intensamente.)* Siento la tentación de descalzarme y salir a la lluvia...

---

[84] Café frío como símbolo de la imposibilidad del amor de Jimena.

185   MINAYA.—La tentación... Hay cosas que la viuda del Cid no puede hacer, Jimena. Menos aún que la esposa del Cid... Adiós. *(JIMENA le tiende la mano derecha. De repente, cuando MINAYA va a besarla.)*

JIMENA.—No, ésa no... Mejor ésta. *(Le da la izquierda.)* Ésta no tiene anillos.

MINAYA.—Adiós. *(Va a salir. Cada uno sale por un lateral distinto. Sin transición, comienza a oírse un ruido de armas, órdenes, preparativos bélicos.[85] Y la voz de JIMENA arengando[86] a las tropas.)*

VOZ DE JIMENA.—Soldados, hijos míos: desde el alcázar veis desbordar y extenderse como un río dorado la ciudad de Valencia... *(Entra CONSTANZA, que prende una lamparilla ante una imagen y reza arrodillada.)* Y si volvéis los ojos, veis los pulsos del mar con que soñó Castilla, y veis la verde huerta, frondosa y ondulando. Alzad las manos y agradeced a Dios tanta riqueza... *(Entra JIMENA, envuelta en un amplio mantón oscuro, estremecida.)*

JIMENA.—Con palabras no se adelanta nada. Alrededor de Valencia hay cincuenta mil tiendas enemigas. Y eso no son palabras... Nosotros no tenemos provisiones, ni caballos, ni gente, ni agua casi. Y eso tampoco son palabras.

190   VOZ DE JIMENA.—Todo lo que poseéis lo tenéis hoy delante. Con mucho afán os ganasteis Valencia: no la abandonéis nunca. De más allá del mar vienen nuevas riquezas a buscaros, desde mi torre quiero ver cómo las apropiáis. En poder de Maz-

---

[85] La acotación y lo que sucede después inducen a pensar que hay un largo espacio de tiempo entre la réplica 187 y la 188.
[86] *arengar:* animar a las tropas.

dalí está vuestra fortuna y el ajuar de vuestras hijas. No tengáis miedo; todo sucederá en ventaja nuestra. Aquellos atambores[87] que oís, mañana mismo los traeréis a Valencia, entre canciones, y los daremos al Obispo Jerónimo a fin de que los cuelgue en la iglesia de Santa María...

JIMENA.—En estas ocasiones suele decirse: «Sólo un milagro puede salvarnos ya.» Y el milagro sucede. O por lo menos eso cuentan las crónicas de cien años después... Yo he vivido demasiado tiempo entre frailes para seguir creyendo en los milagros.

VOZ DE JIMENA.—*(En off.)* ¡A cabalgar! ¡En nombre de Dios y de Santiago![88] Sobre Babieca, el caballo que fue de Almotamid[89], aún cabalga Mío Cid Rodrigo entre vosotros. Cabe el arzón[90], en cruz, lleva sus dos espadas: Tizona, que la ganó al rey Búcar, y Colada, que la ganó a Ramón el catalán. *(Arrecia el ruido.)* Ya se acercan los moros por la huerta. ¡Adelante! Mejor será matarlos antes de que se lleven nuestro pan. *(Una campana.)* Mesnadas[91] de Ruy Díaz, salid de la ciudad por las Torres de Cuarte[92]. Que el Señor os proteja. Yo me quedo implorando la victoria... *(Esfumándose.)* ¡Adelante! ¡Adelante!

---

[87] *atambores:* antiguamente, tambores.
[88] Dios y Santiago eran los nombres que pronunciaban los cristianos en sus batallas contra los moros.
[89] *Almotamid:* rey moro del que el Cid cobraba tributos para Alfonso VI.
[90] *arzón:* una de las partes de la silla de montar.
[91] *mesnadas:* grupo de soldados al mando de un rey, de un noble o de un caballero importante.
[92] *Torres de Cuarte:* una de las puertas que tenía la ciudad de Valencia.

JIMENA.—Vamos, Constanza, deja ya de rezar y haz un poco de cena. *(Se levanta CONSTANZA, santiguándose.)* Dios ya sabe, sobre poco más o menos, lo que tiene que hacer. Y no creo que mude de opinión porque tú se lo pidas.

CONSTANZA.—Pues que Dios nos coja confesadas. *(Sale CONSTANZA.)*

195   VOZ DE JIMENA.—*(En off.)* Estoy sola. Hace frío y estoy sola... Veo sombras temblando en la terraza... Huele a sangre y a mar... He envejecido y sé que soy inútil... *(Ante un espejo.)* ¿Eres Jimena acaso o eres sólo esa figura negra a la que llaman viuda del Cid?... Es preciso olvidar. Huir de aquí. Cerrar los ojos y pensar en aquel mar de Asturias, anterior a la boda, cuando yo era aún yo... ¡Olvidar! ¡Qué imposible! *(Por los ruidos.)* En la batalla, sí: entre el clamor, el polvo, el griterío es más fácil ser otro. Pero en la soledad.

JIMENA.—Es preciso olvidar al Cid, Jimena Díaz... Es preciso olvidar para salvarse. *(Va hacia la lamparilla, la apaga de un soplo. Coincide el apagón con un ruido más denso y un súbito silencio. Cuando viene la luz, JIMENA se ha vuelto hacia los personajes que han entrado en la escena: ALFONSO VI, sentado; tras él, MINAYA; cerca, MARÍA y CONSTANZA; delante, al otro lado de JIMENA, el OBISPO le da la bienvenida.)*

JERÓNIMO.—Gracias sean dadas al Señor Dios de los ejércitos y a vos, emperador Alfonso, porque con vuestra milagrosa llegada habéis roto el cerco de la ciudad. Las hordas[93] de Mazdalí han huido hasta el mar.

---

[93]   *hordas:* grupo de guerreros sin orden.

ALFONSO.—No han huido, monseñor.

JIMENA.—Háblale alto: es sordo.

200 ALFONSO.—*(Más alto.)* Se han retirado en perfecto orden.

JERÓNIMO.—Pero se han retirado.

ALFONSO.—Volverán. En cuanto se enteren de que mi milagrosa llegada la he hecho casi solo, volverán.

JERÓNIMO.—Hay que contar con la fuerza espiritual, emperador.

ALFONSO.—Sí, eso sin duda. Pero menos... Además de ganar las batallas hay que procurar tener razón. Pero después...

205 JERÓNIMO.—Yo hace poco fui joven, señor.

ALFONSO.—*(Bajo.)* Quién lo diría. (JIMENA *se sonríe, mirando a* MINAYA, *que vuelve el rostro hacia otra parte.)*

JERÓNIMO.—Combatí junto al Cid Campeador en los cercos de Almenara y Murviedro[94]. Éramos muy poquitos. Y ganamos.

ALFONSO.—Claro. Erais muy poquitos... y el Cid. El Cid, él solo, era un ejército.

JERÓNIMO.—*(Que no ha oído.)* Yo, que desde mi convento de Perigord[95], vine a matar a la mo-

---

[94] El Cid sitió Almenara, donde estaba acogido el alcaide almorávide de Játiva; la tomó al cabo de tres meses y permitió que los habitantes salieran libremente. Antes de retirarse a Valencia, pasó por Murviedro y la sitió durante 30 días. Al cabo de varias demoras, los dejó marchar. Estos hechos tuvieron lugar en 1098.

[95] Convento francés de la orden de Cluny, al que pertenecía D. Jerónimo antes de venir a la Península en 1096.

risma,[96] al principiar cada batalla, predicaba así: «Al que muriere hoy, lidiando frente a frente, le absuelvo sus pecados: Dios recibirá su alma. Y a vos, Cid don Rodrigo, que en buena hora ceñisteis espada,[97] os pido que me concedáis un don a cambio de la misa de la Santa Trinidad que hoy he cantado: que me otorguéis ser yo el primero en atacar y hacerles las primeras heridas a los moros. Quiero ilustrar así mis armas y la orden religiosa a la que pertenezco.» Y el Cid decía: «Otorgado».

210   ALFONSO.—Jimena, tú que conoces más tiempo a este señor, ¿por qué no le dices que se calle? ¿O es que ve tan mal esto de Valencia que aspira ya a la sede de Toledo[98]?

JIMENA.— *(Cruzando la escena.)* Jerónimo, ya le has dado la bienvenida al rey. Procura no darle, además, la tabarra. Alfonso es un rey moderno, ¿no lo ves? Nada de trompeterías. Si la Historia llama a la puerta, él se viste deprisa y abre, pero entre tanto... ¿eh? Él de paisano... Esto es un grupito familiar: Alfonso es tío mío; María es mi hija —mi yerno no está porque se acaba de ir a Barcelona llevándose sus tropas: muy gentil como ves[99]—; Minaya es mi sobrino, mi sobrino político, se entiende. Y Constanza es una especie de abuela universal... Tú eres valiente, sordo, afectuoso, francés

---

[96] El carácter belicoso de Jerónimo se subraya ya en el *Cantar de Mio Cid.*

[97] *que en buena hora ceñisteis espada:* epíteto épico que suele emplear el autor del *Cantar* para referirse al Cid.

[98] La diócesis de Valencia dependía de Toledo desde tiempos romanos y visigodos.

[99] Jimena alude a que Ramón Berenguer se había llevado sus tropas de Valencia.

y obispo: todo a tu manera, por supuesto. ¿Qué más quieres? Procura ser esta tarde, como si dijéramos, un párroco de cabecera y nada más. ¿Entendido?... Bueno, pues se ha reunido este amable grupito familiar para decidir qué se hace con una finca mía que se llama Valencia.

MARÍA.—Tuya del todo, no, mamá.

JIMENA.—Tengo la sospecha de que tu marido *(gesto de irse)* acaba de renunciar a tus derechos[100]. Y el marido de tu hermana, Ramiro de Navarra, ni siquiera se ha tomado el trabajo de bañarse en Cullera[101]. Prosigamos.

ALFONSO.—Si me permites, Jimena.

215   JIMENA.—*(Condescendiente.)* Por favor.

ALFONSO.—Yo he venido hasta aquí para que tú me entregaras la causa. Es decir, para anexionar el reino de Valencia a la corona de León. Por tanto me temo que tengamos que hablar del Cid una vez más.

MARÍA.—Mi padre conquistó Valencia para él y para sus sucesores. Tú lo habías desterrado de tus reinos.

ALFONSO.—*(Conciliador, muy de vuelta, como siempre, pero inflexible en el fondo.)* Desterrado, no. Ancha es Castilla, pero el Cid era más ancho. No cabía. Rebosaba. A nadie se le ocurre decir que esté el mar desterrado.

---

[100]   Observar el tono irónico de Jimena a lo largo de todas sus intervenciones en esta escena.
[101]   Lugar costero del Levante español. Está ligado históricamente al episodio que nos ocupa, ya que fue allí donde se retiró el ejército de Mazdalí antes de su ataque final a Valencia.

MARÍA.—De cualquier forma, las relaciones de vasallaje se rompieron[102].

220 ALFONSO.—¿Cómo no? Ya salió lo de siempre: «Qué buen vasallo si hubiese buen señor»[103]. El Cid no era un vasallo. No tenía condiciones. Ni siquiera fue una persona: fue un acontecimiento. Y a mí me tocó la china[104] de que el Cid «ocurriera» en mi reinado: mala suerte que tuve.

MINAYA.—*(Ponderado y recto).* ¿Mala suerte, señor?

ALFONSO.—Sí, mala, Minaya, mala. *(Con intención.)* Tú también la tuviste. Por otras razones, pero a ti también te vino mal coincidir con el Cid.

MARÍA.—Porque os dejó en la sombra.

JIMENA.—*(A MARÍA).* ¿Tú qué sabes?

225 ALFONSO.—Tu hija es una contestataria, Jimena. Y está mal educada... No, niña, no es por eso. Un rey no tiene por qué ser quien más brilla. Los reyes somos la manera de medirse la Historia. Hasta aquí, desde aquí... Cuando más brilla el súbdito, más gloria cabe al rey... Yo procuro cumplir mi oficio honestamente. No me gustan las exageraciones. Soy burgués[105], lo confieso. Mi reino es de

---

[102] Según el Derecho germánico, el vínculo del vasallaje se podía romper por voluntad de una de las dos partes: el vasallo podía dejar al señor, y el rey podía echar al vasallo de su reino.

[103] Paráfrasis del verso 20 del *Cantar de Mio Cid.* «¡Dios, qué buen vassalo! ¡Si oviesse buen señor!».

[104] *me tocó la china:* tuve la mala suerte.

[105] Otro anacronismo: Se habla de burguesía en un momento en que todavía no existe esta clase social. Al presentar a Alfonso como un monarca burgués, se está señalando su carácter práctico ante la vida.

este mundo[106]. Las proporciones excesivas me producen alergia. Y, en ese sentido, al Cid no había quien lo aguantara... El pequeño párrafo que a mí me corresponda en un texto de Historia, él lo desmesuró[107]. Se pasaba la vida saliéndose de madre[108], y eso no es de buen gusto.

MINAYA.—*(Firme.)* Ha sido el hombre mayor de nuestro tiempo.

ALFONSO.—Pues eso es lo que digo. Y, por tanto, el más incómodo y el más perturbador. El Cid no es significativo. Minaya, no representa a nadie: se representa él solo. Tú, por ejemplo, simbolizas mucho mejor las virtudes de la mayoría silenciosa... El Cid fue una *vedette*[109], una estrella. Una estrella fugaz, gracias a Dios.

JIMENA.—*(Como para sí.)* Las pastoras se enamoran de las estrellas, pero se suelen casar con los pastores.

MINAYA.—El Cid, señor, quiso crear un orden nuevo: ésa es su trascendencia[110].

230   ALFONSO.—En efecto. Y muchas cosas debían morir para que naciera ese orden nuevo. Una de

---

[106] *Mi reino es de este mundo:* paráfrasis de la frase que Jesucristo pronunció ante Pilatos, «Mi reino no es de este mundo» (Juan, 18, 36).

[107] *desmesuró:* superó, desbordó.

[108] *saliéndose de madre:* Gala coloca esta expresión coloquial junto a la forma culta «desmesuró», que significa prácticamente lo mismo.

[109] *vedette:* voz francesa que significa divo, estrella, primera figura.

[110] El Cid pertenecía a la baja nobleza y aspiraba al ascenso social. Pretendía una sociedad más abierta e igualitaria, ése es el «orden nuevo» que quería crear.

ellas, el Cid... Ya no existe. Empeñarse en hacerlo pervivir es negar su trabajo. Porque él no se buscó a sí mismo; buscaba ese orden nuevo que tú dices...

JIMENA.—Qué dialéctica[111], Alfonso, para trincar [112] Valencia. Luego dirán que hemos vivido en una época oscura[113]. *(El* REY *se inclina, cortés.)*

JERÓNIMO.—*(A* CONSTANZA.*)* ¿De qué hablan durante tanto rato?

CONSTANZA.—De ellos mismos, con pretexto del Cid.

JERÓNIMO.—*(Acercándose a* ALFONSO.*)* El Cid es in-sus-ti-tui-ble.

235   ALFONSO.—Más aún, padre. Es in-sus-ti-tui-ble, una vez que ha dejado de existir. Todos nosotros somos comas, puntos y aparte, puntos y seguido en este vago relato de la Historia. Él, no; él es un gran paréntesis. Pasa, y es como si no estuviera escrito. Hasta entorpece la lectura... No sirve para nada, nada de lo que él hizo[114].

MARÍA.—¡Señor!

ALFONSO.—Ya lo veis: al final, sólo deja problemas. Él conquista Valencia; pero ¿quién sino él puede mantener Valencia conquistada? El Cid ha sido un lujo que le llegó a Castilla demasiado temprano. Como poner una cúpula incomparable

---

[111] *dialéctica:* aquí podría traducirse como forma brillante de hablar.
[112] *trincar:* apoderarse de.
[113] Se refiere a la Edad Media, a la que se ha venido llamando «época oscura».
[114] El Cid como paréntesis inútil de la Historia: conquistó Valencia, pero, a su muerte, ésta volverá a manos de los musulmanes.

cuando apenas están echados los cimientos. Terrible: no los deja crecer.

MARÍA.—A ti te han derrotado siempre los almorávides. A él jamás.

ALFONSO.—¿Qué tiene que ver eso, insolente? Yo no me estoy midiendo con tu padre. Sé que, ni aun con corona, le llegaría al hombro... Por eso no pudimos entendernos.

240 MARÍA.—Por eso y por la Jura de Santa Gadea[115].

ALFONSO.—Esta muchacha está llena de tópicos[116]. Mira, bonita, cualquier castellano hubiera tenido la obligación de hacerme jurar que yo no había matado a su rey antes de darme la corona... Pero eso es como ofrecer agua para las manos antes de la comida; no significa que le estamos llamando cochino al invitado... *(A* JIMENA, *que aguarda, lejana y misteriosa, su turno.)* Tu hija no entiende nada. Claro que no me extraña; las mías tampoco. Debe ser cosa de la edad.

MARÍA.—*(Disparada.)* Pero tú le desterraste dos veces, ¿sí o no[117]?

---

[115] Cuando Alfonso entra en Castilla como rey, los castellanos, sobre todo Rodrigo Díaz, le hacen jurar en la Iglesia de Santa Gadea que no había mandado matar a su hermano Sancho en el Cerco de Zamora. Era costumbre este tipo de juramentos desde el Fuero Juzgo y también hay casos en la historia de Roma.

[116] *tópico:* lugar común.

[117] Alfonso VI desterró al Cid en dos ocasiones: la primera vez porque Rodrigo se negó a cumplir órdenes del rey, que le exigía la devolución del botín y los cautivos que había obtenido en el ataque a Toledo. Se reconciliaron en 1087 pero en 1089 vino el segundo destierro, en esta ocasión porque el Cid no acudió al asalto de Aledo. Rodrigo se asienta en Valencia. En 1092, Alfonso, el conde de Barcelona y las flotas de Génova y Pisa atacan Valencia. El Cid se venga devastando tierras de La Rioja. Esta demostración de poder hace reflexionar al rey Alfonso, que le perdona.

CONSTANZA.—María...

ALFONSO.—Esa pregunta no puede hacerse así... En dos ocasiones, en efecto, me fue preciso elegir entre quedarme con el Cid —él y yo solos, del bracete, en Castilla— o que Castilla continuase siendo igual que antes de nacer él. Y elegí lo segundo, por supuesto; no contra el Cid, sino en pro de Castilla. Ya ves: a mí tu padre me caía simpático.

245   MARÍA.—Pues poco se notó. En el segundo destierro nos encarcelaste a toda la familia.

ALFONSO.—Porque quería que tu madre se quedase conmigo. Es mi sobrina, ¿no? Le tengo afecto. No la iba a dejar irse con un loco, trotando España adelante, enterándose mañana de lo que debería haber comido hoy, durmiendo como una titiritera en los pajáres, haciendo cucamonas[118] a los reyes de taifas[119], andando igual que un búcaro[120] a punto de romperse... Tu madre tuvo buenos pañales: no es ningún guerrillero.

JIMENA.—*(Lentamente.)* ¿Por qué, entonces, me casaste con él?

ALFONSO.—Razón de Estado, hija. En la familia todos hemos hecho cosas muy raras por razones de Estado; prefiero no acordarme... Convenía tocar el lado *snob*[121] del Cid; que lo tenía, y muy

---

[118]   *cucamonas:* carantoñas.
[119]   Tras la desmembración del Califato de Córdoba en 1008, se instituyeron autónomos reinos musulmanes que recibieron el nombre de *reinos de taifa*. En la época del Cid eran reinos de taifa Toledo, Zaragoza, Almería, Murcia...
[120]   *búcaro:* tipo de vasija.
[121]   *snob:* voz inglesa que califica al que adopta una actitud de excesiva originalidad, casi provocativa.

grande: no hay más que ver las cuatro bodas de las niñas... Convenía injertar al alférez de Castilla en una firme rama de León[122]. Castilla se había puesto un poco tonta. La manera de bajarle los humos era darle más humos, pero humos leoneses. *(Sonríe triunfal.)*

JIMENA.—*(Yendo al centro.)* Muy bien. A esto quería llegar. El Cid ha muerto. Yo he sido su mujer. Su memoria es sagrada... Pero yo sigo viva. Cerremos el paréntesis. Tachémoslo. No ha existido. Olvidado.

250   MARÍA.—¿Qué estás diciendo?

JIMENA.—Mis hijas tienen ya muy buenas casas: han entroncado a gusto. Olvidadas también... Yo soy condesa aquí, en Valencia. Y puedo hacer dos cosas: o entregártela a ti, que no creo que la mantengas mucho tiempo —está muy lejos de León, de Toledo y de Burgos—, o quedarme con ella. Mazdalí, por el contrario, está muy cerca, amenazando ahí mismo... Mi postura es difícil. No soy una heroína. Soy una mujer sola, con un obispo sordo cuando le acomoda, unas cuantas decrépitas y unos cuantos soldados leales a un mito que ya no existe porque lo hemos tachado... ¿Es así o no es así?

ALFONSO.—Sería imprescindible matizar.

JIMENA.—¿Es así o no es así?

ALFONSO.—Sííí, sobre poco más o menos...

255   JIMENA.—En ese caso, Alfonso, como tío y como rey, yo pido tu permiso para casarme por se-

---

[122]   Observa la metáfora empleada.

gunda vez. *(Tensión.* CONSTANZA *se santigua.* MI-
NAYA *frena un gesto de dolor.* MARÍA *no lo cree del
todo.)*

ALFONSO.—Bueno, bueno, bueno...

JERÓNIMO.—¿Qué ha dicho?, Constanza[123].

CONSTANZA.—¡Que bueno, bueno, bueno...!

ALFONSO.—*(Intenta disimular su sorpresa.)*
Éste es un desenlace en el que no había pensado... (MARÍA *hace una reverencia y sale airadamen-
te.)* Ni tu hija tampoco, por lo visto.

260   JERÓNIMO.—*(A* CONSTANZA*.)* ¿Qué ha pasado?

CONSTANZA.—*(Harta.)* ¡Ay, qué hombre! Que
se quiere casar.

JERÓNIMO.—¿El rey? Si está casado dos veces
por lo menos.

CONSTANZA.—No el rey; ¡doña Jimena!

JERÓNIMO.—*(Gesto de horror.)* ¡Si es la viuda
del Cid! *(El* REY *hace un gesto exhibiendo ante* JI-
MENA *los efectos de su declaración.)*

265   ALFONSO.—*(Al único que no se ha denuncia-
do.)* ¿Tú qué opinas, Minaya?

MINAYA.—*(Hermético.)* No es cosa mía, señor.
El permiso te lo han pedido a ti. Yo de bodas no
entiendo.

JIMENA.—*(Sarcástica.)* Por eso ni siquiera se
casó.

---

[123] Las palabras de Jerónimo sirven aquí para relajar el momento tenso.

MINAYA.—*(Al* REY, *procurando no escuchar a* JIMENA.) Lo mío es conducir a tus soldados.

JIMENA.—*(En el mismo tono.)* Una vez fue padrino de unas bodas y salieron tan mal[124]...

270   MINAYA.—*(Lo mismo.)* Jimena sabrá mejor que yo lo que hace.

ALFONSO.—Pero tú, como amigo predilecto del Cid...

JIMENA.—*(Un grito.)* ¡Minaya nada tiene que ver con este asunto!

MINAYA.—*(Tierno, volviéndose a* JIMENA.) Si tu voluntad es sacrificarte por conservar Valencia...

JIMENA.—A Minaya hay que darle, como a un niño, los hechos consumados.

275   MINAYA.—Jimena...

JIMENA.—¡Que se calle! *(Al* REY.) Decite tú.

ALFONSO.—Así, de sopetón... En Castilla andan todos casados, me parece... Nájera, Oca... Quizá el obispo podría descasarlos; ahora está eso más fácil[125]. ¿Y el viejo Ansúrez? O los condes de Aragón y de Navarra[126]... No son guapos, pero eso no es muy grave

JIMENA.—Para ti sobre todo. Además, con los últimos corro el riesgo de acabar siendo suegra de alguna de mis hijas.

---

[124]   Alude a las primeras bodas de las hijas de Jimena.
[125]   Aquí hay otro anacronismo que se refiere a las nulidades matrimoniales que tanto daban que hablar en la España de los años 70.
[126]   Nombres de la nobleza castellana de la época.

117

ALFONSO.—Situaciones más raras hemos visto por razones de Estado.

280   JIMENA.—Lo que no hayamos visto al lado tuyo...

ALFONSO.—Repasemos la lista de viudos importantes... Porque lo querrás viudo, me supongo.

JIMENA.—No necesariamente.

ALFONSO.—Debe tener dinero, buen ejército y ganas de meterse en líos: eso sin duda... Si uno se fija, el matrimonio es una institución muy bien pensada[127]. ¿No, Minaya? *(*MINAYA *apenas si puede encogerse de hombros.)* En política, al menos sería muy difícil funcionar prescindiendo de él... La de problemas que viene a resolver una boda oportuna. Eres hábil, Jimena. Se me debía haber ocurrido a mí.

JIMENA.—Me has entendido mal, Alfonso, como siempre. Esta vez, Jimena no está en venta... Yo no quiero casarme por política. Quiero casarme, pero por amor. *(Está dando la espalda a* MINAYA.*)* Lo que te pido es que otorgues mi mano, si él la acepta, a Minaya Álvar Háñez.

285   MINAYA.—¡Jimena!

JIMENA.—Y si no la aceptara, me da igual. En todo caso, quiero casarme con Minaya. *(*MINAYA *ha caído, sin saber por qué, de rodillas. Se ha ocultado la cara con las manos. El* REY *los mira a los dos.* JIMENA *aún no se ha vuelto hacia* MINAYA. *Escuchamos como una percusión sorda.)*

---

[127] Antonio Gala tiene una opinión bien distinta del matrimonio, según deja traslucir en sus artículos.

ALFONSO.—Me parece que la Historia ha llamado a la puerta. Será preciso ponerse los arreos[128]
de rey y abrir de par en par.

JIMENA.—*(Abrazando, de pie, los hombros de*
MINAYA*.)* No es que la Historia esté llamando a la
puerta, rey Alfonso; lo que tú oyes son los latidos
de mi corazón.

ALFONSO.—¡No! Son las hordas de Mazdalí,
que vuelven...

290   JIMENA.—¡Son los latidos de mi corazón!...

ALFONSO.—¡Ve por la Cruz, obispo! ¡A las armas, Minaya!

JIMENA.—¡¡Son los latidos de mi corazón!![129]

TELÓN RÁPIDO

---

[128]   *arreos:* atavíos, ropas y complementos. Alfonso ha de ponerse el traje de la Historia.

[129]   El final de la primera parte refleja claramente el contraste temático que subyace en toda la obra: la oposición Historia-individuo.

Segunda parte

Cámara de JIMENA, *en el alcázar valenciano. Es de día y hay gran silencio.* JIMENA *está atenta. Oye unos pasos. Es* CONSTANZA, *que llega. Va a su encuentro.*

JIMENA.—¿Qué?

CONSTANZA.—*(Dejándose caer en una silla.)* ¿Qué de qué? Muerta vengo... Sube, baja, vuelve a subir, pregunta en las cocinas, que es donde saben todo antes de que el Estado Mayor decida nada... ¡Muerta! *(*JIMENA *se muerde nerviosa las uñas.)* Este alcázar es un mataperssonas... Todo un puro pasillo. Cuánto desperdicio. Qué mal pensado está... Cómo se ve que entre los moros no había especuladores de solares[130].

295 JIMENA.—*(Incontenible.)* Pero ¿qué?

CONSTANZA.—¡Ay! ¡Qué! Yo qué sé... ¡Nada! De lo tuyo aún nadie se ha enterado... Todo el mundo cree que tus «diferencias» con el rey son tan sólo económicas: un «quítame-allá-esas-pajas»[131] más o menos.

JIMENA.—¿Y el rey?

CONSTANZA.—*(Muy segura.)* Deliberando.

JIMENA.—¿Por qué lo sabes?

300 CONSTANZA.—*(Dando exagerados paseos en actitud de persona que piensa.)* Porque se ha pasado la mañana así por las terrazas.

---

[130] *especuladores de solares:* otro anacronismo que alude a situaciones puntuales de la España de los años 70 y siguientes.
[131] *quítame allá esas pajas:* algo sin importancia.

JIMENA.—¿Solo?

CONSTANZA.—Por descontado. Los reyes siempre deliberan solos.

JIMENA.—*(Casi sin atreverse.)* ¿Y Minaya?

CONSTANZA.—Lo debe haber mandado a hostigar al enemigo... Para tenerlo lejos, me figuro, mientras él delibera... O para ver si un moro se lo carga. *(Gesto de* JIMENA.*)* Con lo cual se terminaron de una vez las deliberaciones.

305   JIMENA.—Siempre hay algo peor que lo peor... Me encontraba en las últimas, reclamo la ayuda del rey para que me libere de los moros, llega el rey, me libera... y va y me mete presa.

CONSTANZA.—¡Presa! Qué exagerada eres, hija... Tú no estás presa. Estás recluida, nada más... Que no puedes salir de tus habitaciones, eso es todo; pero de eso a estar presa... Además que te lo has buscado tú, ea, porque vaya petardo que pegaste con eso de tu boda. Cómo se ve que estamos en Valencia[132]. *(Ríe.)* ¡Mira que atreverte a decir que estás enamorada! ¡Qué valor tienes, madre!

JIMENA.—Si todo el mundo dijera la verdad, mejor irían las cosas.

CONSTANZA.—No sé...

JIMENA.—¿Qué es lo que pido yo? Algo que no se prohíbe a nadie... Soy viuda, ¿no? Le he sido fiel a mi marido mientras vivió: he cumplido... Pero

---

[132] Es conocido el gusto que Valencia tiene por los fuegos, las tracas y los petardos, que se convierten en ingredientes indispensables de sus fiestas y celebraciones.

yo no me he muerto. Estoy aquí ¿ves? Si me hago un arañazo, sale sangre... Yo no tengo la culpa de estar viva.

310   CONSTANZA.—Que sí, que sí... Pero no te acalores. Tú, tranquila... Ahora, Jimena, guapa: reconoce que tú no eres una persona corriente.

JIMENA.—Sí soy. El que no era corriente fue mi marido. Yo, sí. Y además «quiero» serlo. Cuando estuve casada me jorobé[133] y no hice una vida corriente. Ahora ya no tengo por qué... Dime tú a mí si no tengo derecho a un puñadito de vulgaridad.

CONSTANZA.—Anda que si te oyeran...

JIMENA.—Pero si van a oírme. Ya una vez que he tirado de la manta[134]... ¿Es que no clama al cielo? Me casan sin comerlo ni beberlo... No me entero de que estoy casada...

CONSTANZA.—Bueno, eso tampoco. No te pases... Has tenido tres hijos.

315   JIMENA.—Sin enterarme. Por lo visto, eso del «deleite carnal»[135] que nos decían de chicas era sólo para hombres... Yo de lo único que me he enterado es de lo mal que se pasa en los partos... En ese aspecto, el Cid era un marido muy español: la mujer propia es tonta, decente, fría y, a ser posible, mona... El deleite carnal, en otro sitio. Lo que es en casa, al primer tapón, zurrapa[136]...

---

[133]   *me jorobé:* expresión coloquial que significa «me fastidié».
[134]   *he tirado de la manta:* expresión coloquial que significa empezar algo cuyo final puede traer consecuencias.
[135]   *deleite carnal:* placer sexual.
[136]   *al primer tapón, zurrapa:* refrán que describe el hecho de encontrarse desde el principio con problemas.

CONSTANZA.—Vamos, vamos... Todo el mundo sabe que el Cid era el más fiel de todos los maridos.

JIMENA.—Pues peor para él. Porque como haya hecho el amor sólo las veces que lo hizo conmigo, qué vida más sinsorga[137] se pegó el infeliz.

CONSTANZA.—Porque lo suyo eran las guerras, mujer... Las carrerillas, el «este moro quiero, éste no quiero»... La gente que hace la Historia ya se sabe...

JIMENA.—Pero yo no he hecho ninguna historia. Mi vocación es de gallina clueca: mi casa, mis hijos...

320　　CONSTANZA.—Tu gallo.

JIMENA.—Sí, señora. Mi gallo. Y como manda Dios, no uno cada año y medio... Mi buen gallo. *(Otro tono.)* Me casaron con un águila. Tres polluelos tuve: pollos de águila los tres... Y al que más quise, me lo mataron a cuchilladas... ¡Qué vida, Dios! Cómo era Diego, ¿eh? Con veinte años. No le sirvió de nada... Fue en representación del padre, del «Águila real», a auxiliar al tío Alfonso... en una de esas paces que hacían entre ellos de repente. Y allí se me quedó. Maldita paz que me costó la vida de mi hijo[138].

CONSTANZA.—«Maldita sea la mujer que tan sólo un hijo pare: si enemigos se lo matan, no tiene quien le vengare».[139]

---

[137]　*sinsorga:* sosa, insustancial.
[138]　Diego, el hijo del Cid y Jimena, murió en la batalla de Consuegra en 1097.
[139]　Fragmento de romance con sabor popular.

JIMENA.—Se parecía tanto a mí... Y me lo desangraron... ¡Las guerras! Sus hermanas son como el padre: reír de puerta ajena; gente de escaparate, que no tiene dulzura ni a la hora de la cena... Ya tú ves: las pocas noches que el Cid pasó conmigo se durmió mucho antes de llegar a la cama.

CONSTANZA.—Como que vendría deshecho el pobrecito... Matar cansa tantísimo...

325 JIMENA.—Y no es que yo sea una mujer sobona, al contrario: más bien arisca soy; tú me conoces... Pero me gusta, de cuando en cuando, una mirada fija, un enredar los dedos, un suspiro, un revolú[140] bien hecho... Lo normal, ¿no crees tú? Pues no, señor. La de veces que yo habré tenido celos de Babieca. Y a eso ya no hay derecho... Al rey se lo escribí: ya estaba harta de que me llamaran «la del marido envidiado».

CONSTANZA.—¡Ay, qué graciosa! ¿Y qué te contestó?

JIMENA.—¡Lo que tú! Que no sería para tanto cuando el Cid me había levantado *(gesto de embarazo)* por tres veces la falda... Muy fino... Como si no supiese en España todo quisque[141] que el Cid tenía muy buena puntería... Y hoy, porque una quiere reorganizarse, a poner el grito en el cielo. Mira, Constanza: a duras penas he podido soportar un anillo. Dos son ya demasiado para mí. Que me dejen salirme de la Historia, Dios mío, y esconderme en el último rincón... No pido nada a nadie. Que se olviden de mí es lo que pido y me consientan ser yo una vez siquiera.

---

[140] *revolú:* en algunas partes de Andalucía, «caricia».
[141] *todo quisque:* expresión coloquial, «todo el mundo».

MARÍA.—*(Apareciendo con unos papeles en la mano.)* ¿Puedo pasar, mamá?

JIMENA.—Aquí puede pasar cualquiera, hija. Soy yo quien no puede salir.

330 MARÍA.—Traigo para firmar estos papeles.

JIMENA.—¿Es qué hay algo que todavía dependa de mi firma? Qué asombro: estoy presa en mi casa y hay algo sobre lo que todavía puedo decir sí o no.

MARÍA.—No estás presa, mamá. *(Fría y exacta.)* Sencillamente el rey te ha dado la oportunidad de que recapacites a solas unos días.

JIMENA.—¿Ah, sí? ¡Qué generoso! *(Saltando.)* ¡Ya he recapacitado a solas muchos años! ¡Díselo al rey!

MARÍA.—*(Que ha dado un paso atrás, asustada.)* Te comportas como una soldadera, mamá.

335 JIMENA.—¿Qué es una soldadera? ¿La mujer de un soldado? Pues eso he sido siempre... O mejor aún, una mujer a secas, sin soldado siquiera. Ya estoy hasta el copete de ser el espejo de las damas, el modelo de las viudas ilustres de esta tierra.

MARÍA.—Una mujer no debe...

JIMENA.—*(Imparable.)* ¿Qué no debe? ¿Sentir calor ni frío? ¡Pues yo sí que lo siento! ¿No decirlo? ¡Pues yo sí que lo digo!... No sé de dónde os vienen a tu hermana y a ti esos aires de asepsia[142]. ¡Como si descendierais de la pata del Cid! Y no es

---

[142] *asepsia:* indiferencia, neutralidad.

precisamente de su pata de donde descendéis, caramba.

MARÍA.—En nuestra familia, mamá...

JIMENA.—En vuestra familia, que es la mía, o por lo menos eso tenía entendido, siempre ha habido de todo. Como en todas las familias del mundo. No hay que ponerse moños... Si a la gente no se le subiera a un pedestal, no habría que bajarla a empujones después.

340 MARÍA.—Siempre se ha dicho que una mujer es sólo para un hombre. Y si ese hombre se muere, mala suerte. Lo demás es de desaforadas[143], deseosas y zorras.

CONSTANZA.—Niña, ¿qué estás diciendo?

JIMENA.—Déjala. Esta mosquita muerta, desde pequeña, me ha tenido envidia. A ella le hubiera gustado ser doña Jimena, pero llegó ya tarde[144]... Una mujer sólo de un hombre, ¿no es eso? ¡Para siempre!... ¿Y pensabas lo mismo cuando a ti y a tu hermana, en el robledal de Corpes, os pusieron el culo morado a cintarazos los infantes de Carrión? Entonces no, ¿verdad? Entonces erais las malcasadas y había que descasaros... Os volvisteis llorando, señoritas de la media almendra[145], a casa de papá. A que él os arreglara las cosas otra vez. Yo debí entonces salir a la puerta y deciros: «Lo siento. Papá y yo lo sentimos. Que la mujer se vaya con su esposo y pase el equinoccio. Si es un chu-

---

[143] *desaforadas:* personas que actúan sin controlar sus acciones.
[144] Jimena comenta el complejo de Electra de María.
[145] *señoritas de la media almendra:* que tienen poco aguante, delicadas.

lo, que aguante. ¡Hala, a Carrión! A que esos dos castrones[146] os muelan a porrazos tres veces por semana. Sois las hijas del Cid y el Cid está tan alto que no puede agraviársele. Si os zurran los maridos, santas pascuas: cada palo, su vela»... Pero no se os dijo eso. Se reunieron Cortes en Toledo[147], se os descasó, se dieron vuestras manos a hijos de reyes —un poquito sosos, la verdad, porque hay que ver el tuyo—, pero que, por lo menos, ya no os baten el cobre[148]... Y ahora, ya bien casadas, que no se mueva nadie; ya no se juega a las separaciones: cada ovejita con su parejita... Y si el ovejo la hinca, que la hembra se resigne y se vaya a hacer gárgaras o a pedir por su alma en un convento... Eso es lo que queréis, ¿no es verdad? Pues vais listas.

CONSTANZA.—¡Qué bien te expresas, hija!

JIMENA.—Gracias. (A MARÍA.) El Cid era el ápice[149] de España: eso lo sé yo mejor que nadie. Y lo quise. Los demás quisisteis el bla-bla-bla, y el yelmo, y la coraza, y el poderío, y el gesto. Yo quise sus ronquidos, su asma de última hora, su cansancio y su miedo...

345   MARÍA.—¿Su miedo? (Gesto de MARÍA.)

---

[146] *castrones:* eufemismo que sustituye a la expresión vulgar de macho cabrío.

[147] Según el *Cantar de Mio Cid,* Rodrigo pidió al rey que convocase Cortes en Toledo para recobrar el honor perdido. Allí se restableció el orden y se dieron nuevos esposos a sus hijas, de más alto linaje que el de los infantes de Carrión, con lo que la honra del Cid se elevó.

[148] *no os baten el cobre:* no os maltratan.

[149] *ápice:* la punta, lo más sobresaliente.

JIMENA.—¡Sí, su miedo![150] ¿Quién te ha dicho que el Cid no tuvo miedo ni pasó noches tristes? Fue el ápice de España. ¡Pero también yo soy España! *(Besa los dedos en cruz.)* ¡Por éstas! Y te digo que si en este país hay pocas cosas que merezcan la pena, las que hay están derechas, bien plantadas y sólo Dios las muda. Yo soy Jimena Díaz y necesitas tú comer muchas sopas para llegarme siquiera a la cintura. ¡Pues no faltaba más!

MARÍA.—¿Has terminado?

JIMENA.—Por el momento, sí.

MARÍA.—Toma. *(Tendiéndole los papeles.)* ¿Firmas o no?

350   JIMENA.—*(Tensión.* JIMENA *toma los papeles, los rompe, se los tira a la cara a su hija.)* ¡Así firma Jimena! Ve y dile a tu marido que la viuda del Cid, esa pobre mujer insatisfecha, acaba de insultarte. *(*MARÍA *va a salir, rabiosa, se tropieza con el* REY *y el* OBISPO, *que entran apresuradamente. Entretanto.)*

CONSTANZA.—¡Ay, qué Campeadora[151] se está perdiendo el mundo!

ALFONSO.—¿Qué pasa aquí?

JIMENA.—Nada. Que mi hija y yo hemos echado una partidita y le he cantado las cuarenta en bastos... *(Por los papeles que recogerá* CONSTANZA.*)* Ahí está la baraja[152].

---

[150] El héroe en su dimensión humana: el Cid también pasó miedo.

[151] Campeador era uno de los títulos que se otorgó al Cid. Abunda en el *Cantar de Mio Cid:* «Cometer quiero un ruego a mio Cid el Campeador» (verso 2.073).

[152] Alude Jimena al juego popular de las cartas, algunas de cuyas frases pertenecen ya al lenguaje coloquial castellano.

ALFONSO.—Que estabas cantando ya lo sabía. Desde el jardín se te oye... Hasta el obispo.

355 JIMENA.—Pues todavía me quedan por cantar las diez últimas.

ALFONSO.—Si te he rogado que no salieses de tu habitación ha sido precisamente para evitar escándalos.

JIMENA.—No me has rogado nada. Me has encerrado y listo... Y si no me asomo a esa ventana y me pongo a dar gritos es porque estoy afónica y se me iba a oír poco. Cuando crea que ha llegado el momento, ya verás.

JERÓNIMO.—El emperador lo hace todo por tu bien, hija mía.

JIMENA.—Sí, ya lo sé. Lo conozco. Alfonso nos tiene acostumbrados a hacer, por nuestro bien, lo que le da la gana.

360 CONSTANZA.—*(Que ha terminado de recoger los papeles.)* Éstos son asuntos privados... No quisiera... Si no me mandan nada... *(MARÍA, aprovechando la coyuntura, va a salir.)*

JIMENA.—Sí, que te quedes... ¡Y tú también, María! Estas escenas hay que conocerlas de primera mano. Contadas, pierden mucho... Y la Historia cambia tanto según quien nos la cuente... Por eso los reyes pagan tan buenos sueldos a los cronistas. Son los embellecedores de la Historia, ¿eh, Alfonso? Ay, pero luego llega una destrozona con jabón y bayeta y saca a relucir la verdad, que con tanto cuidado disfrazamos... Vamos. Sentaos, sentaos, estáis en vuestra cárcel.

ALFONSO.—Mal comienzo, Jimena... No nos permites ni defenderte a ti de ti misma, hija mía.

JIMENA.—¡Vaya! ¡Ahora resulta que soy hija de todos! Cuando a la gente le da por llamarte «hija mía» y pretende defenderte de ti misma, milagro será que no termine cortándote el gañote[153].

MARÍA.—*(Como para sí.)* ¡Qué expresiones!

365 JIMENA.—Si hemos organizado esta amena velada familiar es para hablarnos claro, rica... Llevamos cinco lustros[154] —¿te gusta eso ya más?— diciéndonos mentiras.

JERÓNIMO.—*(A* CONSTANZA.*)* Perdón. No he oído bien...

JIMENA.—Tú llevas doce lustros sin oír, de modo que da igual. De todas formas, no sé por qué me parece que hoy vas a mejorar... *(Se le acerca al oído.)* «¡Effeta!»[155] *(A los demás.)* Que quiere decir «ábrete», ¿no es así?

JERÓNIMO.—Así es, así es...

JIMENA.—¿Veis? Ya está mejorando. Hasta los sordos van a oírme hoy. *(A* ALFONSO.*)* Primero, tú; para eso eres el rey.

370 ALFONSO.—Escúchame tú antes. Y cálmate.

JIMENA.—No. Si estoy calmadísima... *(Es mentira.)* ¿Es que no se me nota?

---

[153] *gañote:* cuello.
[154] *lustros:* períodos de cinco años.
[155] *¡Effeta!:* del hebreo «heffetah», que quiere decir ábrete. Es una voz de la liturgia que se emplea en el sacramento del bautismo.

CONSTANZA.—Naturalmente. Ciego habría que estar.

ALFONSO.—Cuando tú el otro día hablaste de volver a casarte, yo no me opuse. Tú eres muy libre de decidir tu vida..., siempre que se trate de una decisión sabia y meditada. Un matrimonio oportunamente ventajoso, con alguien fuerte, que pueda resolver la situación en que nos encontramos... Un matrimonio cauto, razonado y político.

JIMENA.—En una palabra, si me caso otra vez para hacerme la cusqui[156], todos me bendecís y me acompañáis, llenos de gozo, al sacrificio. Ahora, si me caso por amor y por gusto, «tararí-que-te-vi», ¿no es eso?

375   ALFONSO.—Tienes una manera de decir las cosas... Mira, Jimena: la memoria del Cid y sus devotos es una de las pocas bazas con que aún contamos. Podemos prescindir de ella para sustituirla por una fuerza presente y eficaz. Lo que no es permisible es tirarla por tierra y quedarnos sin nada... Porque el amor, tu amor, Jimena, al pueblo y a la Historia les importa un pimiento[157].

JIMENA.—Aproximadamente lo que la Historia a mí[158].

ALFONSO.—(Sin escucharla.) El pueblo (señala a JERÓNIMO) y sus pastores piensan que el Cid es insustituible. Y quieren que lo sea... Como viuda desconsolada, por motivos históricos, te tolerarían

---

[156] *hacerme la cusqui:* expresión coloquial que significa «perjudicarme, fastidiarme».
[157] Alfonso quiere hacer ver que para la España cristiana era necesario mantener vivo el mito del Cid.
[158] De nuevo, confrontación entre Historia e individuo.

contraer nuevas nupcias. Pero como mujer enamorada de otro hombre, no. Para ellos el Cid es insustituible hasta en los brazos de Jimena. A los mi-
tos políticos hay que mimarlos mucho, limpiarles
bien el polvo cada día. Embellecerlos, como tú di-
jiste... De un héroe, hasta la intimidad debe estar
limpia. Y el lugar del Cid Campeador nadie debe
ocuparlo. Ni en la cama... En la cama menos que
en otros sitios.

JIMENA.—*(Riendo.)* ¿Tú dices eso, Alfonso? No
puede ser... La sorda soy yo ahora... Precisamente
tú estás diciendo eso...

ALFONSO.—Seguro que vas a empezar a contar enredos familiares; es una de tus tontas manías...

380   JIMENA.—Desde el principio... Vamos a comen-
zar desde el principio. Estate atento, obispo... El padre de este señor que ves aquí, tan serio, escachifolló[159] España repartiéndola entre sus cinco hijos... Los cinco, no; a las niñas sólo les dio Zamora y Toro[160], con la condición, que no es moco de
pavo, de que no se casasen en la vida. Por eso la

---

[159]   *escachifolló:* destrozó.
[160]   Fernando I repartió sus dominios entre sus hijos en 1063,
dos años antes de su muerte. El reparto quedó así: A Alfonso, su segundo hijo y predilecto, le dejó el reino de León y el reino moro de
Toledo, cuyo rey pagaba importantes tributos a León. A Sancho, el pri-
mogénito, Castilla y el reino musulmán de Zaragoza, que también pagaba parias. A García, Galicia, Portugal y los reinos moros de Sevilla
y Badajoz, asimismo tributantes. A Urraca le correspondió Zamora, y
a Elvira, Toro; a ambas también los señoríos de los monasterios de
los tres reinos, a condición de que no se casaran. Sancho no estaba
de acuerdo con el reparto porque pretendía la unidad que ya habían
deseado los godos. Castilla tuvo aspiraciones expansionistas y el Cid,
alférez de Sancho, lo acompañó en su espíritu imperialista.

mema de tía Elvira ha ido formando el mitin de convento en convento... Y éste que veis aquí, el de «hasta la intimidad debe estar limpia», tuvo en un calabozo a su hermano García más de diecisiete años. A su hermano, don Sancho, se lo cargó en el cerco de Zamora...[161]

ALFONSO.—En Santa Gadea yo he jurado...

JIMENA.—Yo también he jurado muchas cosas... Se lió con su hermana doña Urraca —una de las pécoras[162] más grandes que yo he visto en mi vida, y mira que habré visto...— para que le ayudara a ser lo que ahora es... Y casado como estaba por la mano derecha, se casó por la izquierda con la nuera de Motamid, rey de Sevilla. Entonces era muy guapa y se llamaba Zaida. Hoy es una tía gorda y se llama Isabel. Porque la bautizaron, eso sí. Y es la madre del único hijo varón de Alfonso VI... Pero, cuidado, la intimidad debe quedar muy limpia.

ALFONSO.—Las cosas no han sido tan sencillas como las cuentas tú... Pero de cualquier modo, has puesto de relieve los sacrificios que he hecho por mi patria. Lo doloroso que ha sido, para unos y para otros, ir haciendo este reino[163].

JIMENA.—¡Qué cara tienes!

385 ALFONSO.—La Historia no se escribe con las manos lavadas. Todos hemos sufrido y es eso, cabalmente, a lo que tú te niegas.

---

[161] Urraca se unió a Alfonso en contra de su hermano Sancho, que sitió Zamora, en cuyo cerco murió asesinado por Bellido Dolfos.

[162] *pécora:* persona astuta y viciosa. Se usa preferentemente referido a mujeres.

[163] Cinismo de Alfonso VI.

JIMENA.—Yo no he nacido rey. Ni hija de rey, que se castra en testamentos[164]. He nacido mujer. ¡Y ya he sufrido! Ahora voy a comerme en un desván ese cuscurro que me habéis dejado. Quiero roerlo antes de que se me caigan los dientes y no pueda.

ALFONSO.—¡En un desván! Destápate los ojos... Mira la patria: ese lugar en que nacemos, ese río, esos árboles, con gente que habla como nosotros y que va a nuestro paso... La patria está muy por encima de nosotros y de nuestros mendrugos.

JIMENA.—¡Déjame a mí de patrias! ¿Es que el Cid tuvo patria? Tú te pasaste la vida echándolo de ella: de Castilla, ese agujero donde son negras hasta las gallinas... ¿Es que el pueblo es la patria? ¿Qué has hecho con el pueblo? ¿Para qué lo has querido? ¿Deseó el pueblo de Castilla que tú fueras su rey? ¿Te pidieron a ti los leoneses que los llevaras a morir a Golpejera[165]? ¿Cuántos montones de cabezas le cortaron a tu pueblo los moros en Sagrajas[166]?... Tú a ti te llamas patria; a tu voluntad, patria; a tu avaricia de poder, patria... ¡Déjame a mí de patrias! ¿No ves que estoy de vuelta de las grandes palabras? Las he mamado, Alfonso. Me he cria-

---

[164] *castrar en testamentos:* cortar, suprimir en las disposiciones testamentarias, eliminar de la herencia.

[165] *Golpejera:* batalla entre Sancho II de Castilla y Alfonso VI de León. Venció Sancho y Alfonso fue hecho prisionero. Ocurrió en enero de 1072.

[166] *Sagrajas:* batalla que Alfonso VI perdió en 1076 contra los almorávides de Yusuf. Al mando iba Álvar Háñez. Yusuf mandó degollar a los cadáveres de los cristianos y sobre la pirámide que formaron sus cabezas, mandó que se anunciase la oración de la mañana a sus soldados.

do con ellas. He jugado con ellas, de niña, a la pelota... Apenas si he tenido marido, el que me diste, porque ya me lo diste con las grandes palabras. Y hubiera sido bueno, complaciente, tierno, ¿por qué no?, hubiera sido cariñoso y amante. Pero, ¡ah!, no pudo ser: allí estaban, en medio siempre de los dos, esas grandes palabras... ¿Y mi hijo? Mi hijo se quedó muerto, solo en mitad de un campo, con las grandes palabras por almohada... Estoy segura de que al morirse dijo «madre» y no «patria»...

JERÓNIMO.—Dios sabe que has sufrido, hija mía. Dios te lo pagará.

390   JIMENA.—¿Estáis viendo? Cuando decíais Dios o cuando decíais patria[167] es que vais a pedir algo terrible. Vais a pedir la vida... Y sin la vida no hay ni Dios ni patria... Si ese Dios y esa patria no nos hacen felices, ¿de qué nos sirven? Con qué poca grandeza soléis usar esas grandes palabras... Las gastáis solamente en calderilla. Dios es para vosotros un contable que paga, parsimoniosamente, a denario[168] por barba. Y la patria, esa boca oscura que devora los hijos[169] a ritmo de charanga. ¡No! ¡No! ¡No quiero jugar más! ¡También ahora yo tengo mi gran palabra: amor! ¡Amo a Minaya! ¡Oídlo, amo a Minaya! No tengo yo más patria que Minaya. Amo a Minaya. Tan sólo con decirlo soy tan feliz que, para que me calle, tendríais que arrancarme la lengua. Y aún así, aún así, lo seguiría gritan-

---

[167]   Se critica aquí el mal uso que se ha hecho de estos conceptos a lo largo de la Historia.

[168]   *denario:* moneda romana.

[169]   Velada alusión al dios de la mitología griega Saturno, que devoraba a sus hijos para que ninguno le suplantase. Sólo Zeus logró sobrevivir.

do con los ojos... ¡Amo a Minaya! ¿Oís? ¡Amo a Minaya! (*El* REY, *contenido hasta ahora a duras penas, cuando* JIMENA *va a la ventana, se abalanza sobre ella y le tapa la boca con la mano duramente.* JIMENA *forcejea, luego queda inmóvil, agotada.*)

ALFONSO.—*(A todos.)* Salid todos. De prisa. *(Lo hacen. A* JIMENA.*)* Si das un grito más, diremos que estás loca... Te encerraré, Jimena. *(Habla con cierto cansancio.)* Sabes que a estas alturas de mi vida no me apetece correr riesgos inútiles... Ni un grito más (JIMENA *afirma, amordazada),* o te encerraré. *(La suelta.)*

JIMENA.—Ya no sería la primera vez que me encerraras.

ALFONSO.—Razón de más... *(Más suave.)* Pero no lo querría. Siempre te tuve aprecio... Quiero tu conveniencia, Jimena.

JIMENA.—Mientras que no tropiece con la tuya.

395 ALFONSO.—Eso es verdad... Pero la edad me ha ido haciendo más blando. Sé que tienes razón. También yo estoy cansado de esas grandes palabras que tú dices... Pero, ¿qué voy a hacer? No tengo otras. Debo seguir usándolas. ¿Qué pinto yo sin ellas? Eres lista, Jimena. Lo único que te pido es precisamente que no las uses tú.

JIMENA.—*(Al acecho.)* No te entiendo...

ALFONSO.—Está muy claro... Yo no puedo impedir que tú ames a Minaya. No me incumbe a quién ames, con tal que no lo digas... Mantén alta la frente: del resto de tu cuerpo haz lo que quieras... Ama a Minaya, vive con él... Pero ¿qué necesidad tiene la gente de saberlo?

JIMENA.—¿Qué te propones? ¿Que sea la amante de Minaya?

ALFONSO.—*(Hipócrita.)* Todo el que ama es amante.

400   JIMENA.—*(Riendo malamente.)* Esto ya pude serlo. Hasta en vida del Cid, pero no quise... Para acostarme con alguien no necesito que lo apruebe el rey... Yo, cuando amo, Alfonso, estoy muy orgullosa de mi amor. *(Como en una acusación.)* No me avergüenzo de él.

ALFONSO.—Muy bien... *(Por otro camino.)* Si tienes reparos religiosos, puedes casarte... El obispo Jerónimo puede casaros... Hay matrimonios que se guardan secretos por ciertas circunstancias.

JIMENA.—Pero, ¿qué es lo que crees? ¿Que tengo ganas de hombre? ¡Pobre Alfonso! ¡Qué fácil me sería entonces todo!... No. *(Como para sí, muy dulcemente.)* De lo que tengo gana es de sentarme al lado de Minaya, alguna noche, bajo las estrellas, en un jardín que hay cerca de Molina. Y cantar. Y que la gente pase y se sonría y se digan: «Son Minaya y Jimena, que se aman»... De lo que tengo ganas es de que se me quiera. *(Se toca la mejilla.)* De tener una cabeza de hombre, abandonada aquí, sin sobresalto, unas manos de hombre, que yo deba quitar de mi cintura, porque he de hacer la cena y no me dejan; un cariño a mi lado al que le tenga que decir: «Basta, Minaya. No me mires más: está toda la casa por hacer»... De lo que tengo ganas es de tener en mi regazo[170] a un hombre y cantarle y que se duerma, y levantarme yo

---

     [170] *regazo:* parte del cuerpo que va desde la cintura a la rodilla.

muy despacito para lavar, sin ruido, su camisa... No me entiendes, Alfonso. Toda la vida te estaría diciendo de lo que tengo ganas y no lo entenderías.

ALFONSO.—Te entiendo, sí, Jimena. Ya lo creo que te entiendo. Eres una mujer: lo que me dices no es tan raro... A veces yo, hace ya mucho tiempo, también pensé que el mundo se había creado para vivir así... Ahora ya sé que no... Te entiendo. Pero siento entenderte... La viuda del Cid puede tener uno, cien, mil amantes: eso no afecta nada la grandeza del muerto... Un amante por noche y el Cid se quedaría inmaculado, allá arriba, en su gloria: en la gloria que todos exigimos que el Cid tenga... Hay una sola cosa que la viuda del Cid no puede hacer, Jimena, no lo olvides: por tu bien, no lo olvides. Hay una cosa sólo. Muy sencilla. La viuda del Cid nunca —¿lo estás oyendo?, nunca— podrá volverse a casar enamorada... Es palabra de rey.

JIMENA.—Eso ya lo veremos, rey Alfonso... Tu palabra y la mía. *(Le vuelve ostentosamente la espalda.)* Ahora quiero estar sola. *(El* REY *la mira y sale lentamente mientras baja la luz. Viene, antes que ella, un murmullo precipitado de tropa en movimiento, pero no de batalla; lanzas, marchas, órdenes, etc. Entra* CONSTANZA *en la cámara de* JIMENA. *Al oírla sale* JIMENA *de su dormitorio, despeinada y sin sueño. Es de noche, muy tarde.)*[171] ¿Qué es ese ruido a estas horas, Constanza?

405   CONSTANZA.—Esta noche nadie va a pegar ojo en el Alcázar. ¡Ay, Virgen del Camino! No, ésa es

---

[171]   Por esta acotación y por las réplicas siguientes sabemos que tiene lugar un nuevo cambio de tiempo y de acción.

la de León. ¡Ay, Virgen de Covadonga! ¡Menudo estruendo hay!

JIMENA.—Ya lo oigo, pero ¿qué es lo que pasa?

CONSTANZA.—Que han desacuartelado a las mesnadas. Que los patios están así *(junta los dedos de la mano derecha boca arriba)* de soldadesca[172]. Que todos van y vienen como en una colmena... Que el rey y tu hija han estado hablando mucho tiempo en secreto y ahora tienen los dos la cara muy tranquila... ¿Esa cara que se le pone a la gente importante cuando, por fin, se han decidido a seguir siendo importantes? Pues ésa... No me gusta, Jimena, no me gusta... Huele a azufre la noche[173]. *(Tentadora.)* Si tú quisieras...

JIMENA.—Si yo quisiera, ¿qué?

CONSTANZA.—Que terminabas con el cuadro... Una palabra tuya —y cuidado que palabras no te faltan— y todo volvería a estar en orden...

410   JIMENA.—*(Serena, encarándosele.)* ¿Qué palabra, Constanza?

CONSTANZA.—Ay, no me mires así, que me das miedo... Una lo que quiere es apoyarte... *(Iniciando su labor.)* Fíate de una vieja. No llames a las cosas por su nombre, Jimena. Lo que aquí escandalizan no son las cosas, sino el nombre que les damos... ¿Tú quieres a Minaya? *(Mirada tensa de JIMENA.)* Sí, de acuerdo... Aunque tampoco me creo que lo quieras como para tirarlo todo por la borda,

---

[172] *soldadesca:* soldados.
[173] *Huele a azufre la noche:* el azufre es un mineral que se relaciona con el infierno. Se trata de una premonición ante el infierno que va a sobrevenir: el interno de Jimena y el que va a sufrir Valencia.

pero en fin... Tú quieres a Minaya. Pues ya está: quiérelo... ¿Ves qué sencillo? Pues no, señor: «Quiero a Minaya. Quiero a Minaya. Quiero a Minaya. Que se enteren los aguadores[174], los chiquillos que juegan a las tabas[175], las cantineras, que se entere el nuncio[176]... ¡Todos! Y además me voy a casar con él porque me sale del níspero[177], pasando por encima del lucero del alba»... Ay, Jimena, por Dios, qué burra eres. (JIMENA *no ha podido por menos que sonreír.* CONSTANZA *toma confianza.)* Hazme caso, mujer. Lo importante, cuando se quiere a una persona, es la persona, no el cuchipandeo[178]... El amor no se dice, se hace: cuando se dice tanto, malo, malo... Tú no eres una enamorada, hija mía: tú eres una cabezota de aquí te espero. Mucha palabrería, mucha titiritaina[179], pero amor de verdad, *niente de niente*[180]. Lo sabré yo... Lo único que no has dicho, es lo uniquito[181] que tenías que decir...

JIMENA.—¿Qué?

CONSTANZA.—...y a solas, a Minaya, no delante del público. ¡Ay!, qué exhibicionista.

JIMENA.—¿Qué?

---

[174]   *aguadores:* los que venden agua.
[175]   *jugar a las tabas:* juego tradicional infantil que emplea ese tipo de huesos.
[176]   *nuncio:* representante diplomático del Papa. *Que se entere el nuncio:* que se entere todo el mundo.
[177]   *porque me sale del níspero:* eufemismo para la expresión vulgar que significa «porque me da la gana».
[178]   *cuchipandeo:* el ambiente que rodea una situación.
[179]   *titiritaina:* bulla, jaleo.
[180]   *niente de niente:* nada de nada. *Niente* es la voz italiana que significa nada.
[181]   *lo uniquito:* observar la connotación irónica del diminutivo.

141

CONSTANZA.—«Yo te quiero, Minaya. ¿Tú me quieres? Pues arreando, que es gerundio[182].» A quien Dios se la dé, San Pedro se la bendiga[183]... Pero no el de Cardeña. *(Ríe.)* Para qué más casorios[184] ni más requisitorias[185]... ¿No es cosa de los dos? ¿No hay camas en el mundo? ¿Qué obligación hay de tocar a rebato[186] antes de darse un beso? ¡Ay, qué mujer, Virgen Santísima de... bueno, Virgen en general! Una cosa tan simple, que se hace a cencerro tapado[187]... Qué disparate: ella, a ponerle música... ¿Tengo razón o no?... ¿Qué piensas?

JIMENA.—*(Sentada, vencida.)* Qué importa lo que pienso yo aquí, sola...

CONSTANZA.—*(Que ahí quería llegar.)* ¿Te lo traigo?

JIMENA.—*(Levantándose.)* ¿A quién?

CONSTANZA.—No te hagas la tonta... A Minaya.

420 JIMENA.—¿Cómo?

CONSTANZA.—¡Huy! ¡Facilísimo! ¿No ves que los moros se pasaban las noches de claro en claro? Todo este Alcázar está lleno de pasillos secre-

---

[182] *Pues arreando, que es gerundio:* expresión coloquial que viene a decir, «pues decídete».

[183] *a quien Dios se la dé, San Pedro se la bendiga:* refrán cuyo significado es que cada uno se conforme en la vida con lo que le ha tocado.

[184] *casorios:* casamientos.

[185] *requisitorias:* término judicial. Son documentos que un juez manda a otro para que lleve a cabo una petición.

[186] *tocar a rebato:* dar la alarma, hacer que todos se enteren de un suceso.

[187] *se hace a cencerro tapado:* en silencio, sin que se entere nadie.

tos... Y como tus dueñas[188] no son tan tiquismiquis[189] como tú, ya lo han descubierto. Qué rela-
jo... Yo sé de uno que lleva hasta el jardín... En el
jardín está Minaya. Me espera. En un segundo voy,
lo aviso callandito y que se suba aquí a «departir»[190] contigo... Di, ¿lo aviso?

JIMENA.—¡Sí! *(Sale* CONSTANZA. JIMENA *arregla
nerviosamente su pelo, ordena su ropa.)* Por amor
a Minaya, Jimena va a dejar de ser Jimena... Pronto empieza el amor a exigir víctimas. Sé que hago
mal, pero son ellos, Constanza *(por los de fuera),*
quienes me empujan. *(Entra* CONSTANZA, *seguida
de* MINAYA. JIMENA, *que está de espaldas, no se
mueve.)*

CONSTANZA.—Ahí os quedáis, pichones. Que
aprovechéis el tiempo... Y no habléis mucho, que
las palabras se las lleva el viento y no quitan la
sed... Bebed uno en el otro, a grandes sorbos, que
es lo que estáis deseando... Que vengan luego los
demás y os quiten lo bebido. *(Sale riendo.)*[191]

MINAYA.—*(Ella se vuelve por fin. Va a lanzarse
en los brazos de* MINAYA. *Él da dos pasos atrás. Y
se justifica.)* Me han permitido entrar...

425   JIMENA.—*(Dolida, luego asombrada.)* ¿Ellos?

MINAYA.—*(Un gesto de afirmación.)* La vieja
está comprada...

---

[188]   *dueñas:* damas de compañía.
[189]   *tiquismiquis:* escrupulosas.
[190]   *departir:* hablar, conversar. Está entrecomillado porque es
una voz culta que contrasta con el habla coloquial, llena de frases hechas, de Constanza.
[191]   Se expresa de nuevo el tema del *carpe diem:* aprovechar el
tiempo antes de que llegue la vejez y los malos momentos.

JIMENA.—Comprada... ¿para qué?

MINAYA.—Para sorprendernos, para ensuciarnos, para tener un arma contra ti...

JIMENA.—*(Tiene un gesto de infinito dolor.)* ¿Por qué has venido entonces...?

430 MINAYA.—Para verte por última vez. ¿Para qué otra cosa podía haber venido?

JIMENA.—¿Es que te vas? (MINAYA *afirma.*) ¿A dónde?

MINAYA.—No lo sé. Ya da igual.

JIMENA.—*(Un gesto resuelto.)* Me voy contigo.

MINAYA.—No te dejarán salir.

435 JIMENA.—*(Hacia la ventana.)* Pediré ayuda. Tengo soldados fieles.

MINAYA.—Fieles al Cid... A la Jimena del Cid, no a la Jimena de Minaya.

JIMENA.—Pero hay que intentar algo.

MINAYA.—*(Con los ojos cerrados.)* Seguir viviendo hay que intentar...

JIMENA.—¿Sin ti? ¿Y tú me amas?

440 MINAYA.—Eso es lo único que sé... Eso, y que te he perdido. O mejor, que no te tuve nunca.

JIMENA.—*(En un arranque.)* Tenme ahora, Minaya. Tenme ahora.

MINAYA.—Ellos están ahí fuera... Oyéndonos, mirándonos... Me han permitido entrar para probarte que todo es imposible.

JIMENA.—*(Horrorizada.)* También te han convencido... ¿a ti? ¿Qué habrán sido capaces de inventar? ¿Qué palabras? ¿Con qué amenazas han podido cambiarte? *(Muy cerca.)* Minaya, mírame... ¡Contéstame!

MINAYA.—No ha sido necesario que inventaran... *(Muy dolorido.)* Ellos tienen razón. Por otro fundamento del que creen, pero tienen razón... Tú y yo hemos sido siempre dos ruedas paralelas, hechas para girar, una cerca de otra, sin coincidir jamás. El Cid ha sido el eje que une y separa. Dependíamos de él... Para mezclarnos tú y yo, tendría que deshacerse todo. Y entonces no habría eje ni ruedas... No habría ni Jimena ni Minaya... El destino no se puede cambiar. Y nuestro destino, lo queramos o no, se llama Cid y estará entre nosotros hasta el final, como una espada fría... Podríamos gritar, quejarnos, apretarnos las manos hasta romper sus huesos... Besarnos —ay, Jimena—, podríamos besarnos de tal modo, que todos los monarcas de León y Castilla juntos no serían capaces de apartarnos... Sería lo mismo: entre los dos estaría siempre el Cid como una espada.

445   JIMENA.—Probémoslo, Minaya.

MINAYA.—*(Negando.)* Mi sino es el de los que pierden: ya estoy acostumbrado. No quiero atarte a él... Tú amas a Minaya porque a tus ojos es una cosa del Cid: como su casco o su coraza.

JIMENA.—¡No!

MINAYA.—Si querías olvidar a Rodrigo por el camino de Minaya, mal camino elegiste: Minaya siempre acabaría por conducirte de nuevo a Rodrigo.

JIMENA.—*(En una rebelión.)* ¡Lo que quiero es vivir!... Pero vivir no es sólo respirar, Minaya: vivir es respirarte. *(Se acerca.)* Que tú y yo seamos, juntos los dos, algo distinto: ni tú ni yo, «nosotros»... en donde los demás no tienen parte. Y tú dices que no, que no quieres que nazca ese «nosotros»... Era de eso, Minaya, de lo que estaba pendiente el mundo entero.

450 MINAYA.—*(Niega. Vencido.)* Seremos olvidados por el mundo... Aquí mismo, dentro de cientos de años, otros dos seres se jurarán amor... Y no sabrán que nosotros sufrimos, que tú cantaste un día una canción, que yo vi en tus ojos esa lágrima. La Historia siempre la escriben los más fuertes, Jimena. Para los ojos que tienen que venir serán ellos los fuertes *(por los de fuera),* los puros, los intactos. Y nosotros seríamos los sucios y los ruines. Porque para que vengan esos otros seres, los precisos son ellos, no nosotros. Es preciso su desamor, no nuestro amor... El amor es egoísta: Jimena se acaba en Minaya y Minaya en Jimena.

JIMENA.—Pues acabémonos. ¡Muramos los dos juntos ahora mismo, Minaya!

MINAYA.—Ni armas para morir nos han dejado. Ni veneno, Jimena, ni cuchillo. Ni la edad de morir... A nuestra edad ya no se muere por amor. Es triste y es así. A nuestra edad se defiende la vida que se ha hecho.

JIMENA.—*(Desolada.)* A nuestra edad nos deberíamos haber sentado ya a la puerta de casa a ver salir a nuestros hijos... A ver llegar la muerte, no la vida. No es hora de empezar... Qué injusto es todo. Quién podría decirme por qué vivimos y por qué sufrimos... Cuando entraste y te vi, soñaba. Ahora sueño que ya me he despertado... Pronto va a amanecer... Preferiría no haber vuelto del sueño.

MINAYA.—*(Tiernísimo.)* Ahora sueña que ya te has despertado... Cuando despiertes de verdad, estaremos juntos[192]. (JIMENA *le ha vuelto la espalda.)* Ayúdame, Jimena, por Dios vivo. Ayúdame o no podré decirte adiós. *(La rodea.)* Así, no. Así, no... Alza la cara. Que yo te vea sonreír, como en Molina aquella noche. (JIMENA *niega.)* Que te recuerde siempre sonriendo, Jimena... Ellos no pueden nada... A ellos puede temerle nuestro cuerpo, pero «nosotros» —«nosotros», como tú dices, Jimena—, nosotros, no... (JIMENA *comprende.)* Sonríe... ¿Cómo era la canción?

455   JIMENA.—Acaso esté ya muerta
              cuando te vuelva a ver...
              Mi corazón, con alas;
              mis suspiros, a pie...

MINAYA.—Cuando despiertes de verdad, me volverás a ver... Ya para siempre.

JIMENA.—*(Reaccionando.)* ¡Pero mi vida es ésta, Minaya! ¡Mi vida es este sueño![193] Yo me termino aquí... ¿Quién podría explicármelo? *(Cae sollozando en brazos de* MINAYA.)

ALFONSO.—*(Aparece comedido y acaso emocionado.)* Por el momento, nadie. Ni yo, que soy

---

[192] En las palabras de Minaya hay un eco del concepto neoplatónico, místico y romántico del amor.
[193] Paráfrasis del título de una obra de Calderón: *La vida es sueño.* Jimena ha basado su vida, su esperanza, en el sueño de Minaya. Ahora su sueño se ha desvanecido.

el rey... Lo que puedo es mandar. Y voy a hacerlo. Minaya, desaloja las tropas de Valencia. Volvemos a Toledo. Cuando amanezca, debéis estar en marcha.

JIMENA.—Abandonar Valencia...[194]

460   ALFONSO.—El Cid también soñaba. Valencia fue su sueño. Despertemos. Castilla necesita renunciar: no tiene fuerzas para seguir soñando[195].

JIMENA.—¿Y yo?

ALFONSO.—Tú has sido derrotada como todos, Jimena. Como todo el que vive, un poco derrotada y otro poco invencible... Abajo hay cien soldados que hacen la guardia al féretro del Cid. Nos lo llevamos con nosotros. Tú lo acompañarás hasta San Pedro de Cardeña, en donde tantas noches echaste de menos un marido. Desde ahora lo tendrás a tu lado día y noche, bien quieto junto a ti... Y no olvides que esos soldados que custodian el féretro, custodiarán también todo el camino el luto y el dolor de la viuda del Cid... Eso será, al menos, lo que dirá la Historia. Lo que tú pienses —y ahora sé lo que piensas— es sólo cosa tuya.

MINAYA.—(Que habla para distraer de su dolor a JIMENA.) Adiós, Jimena. Hasta que despertemos.

JIMENA.—Que sea pronto, Minaya... Adiós. (Sale MINAYA.)

465   ALFONSO.—Cuando la última tropa haya salido, arderá esta ciudad por los cuatro costados. Según

---

[194] Valencia fue abandonada por Jimena, Alfonso y sus tropas en mayo de 1102.
[195] Valencia era el sueño del Cid y de la Historia y también debe ser abandonado, igual que el sueño de Jimena.

tengo entendido, la gente de esta parte es muy aficionada a correr pólvora y hacer hermosos fuegos... El de esta noche no va a ser fácil de olvidar... A los sueños, como a los alacranes, para acabar con ellos es preciso quemarlos[196].

JIMENA.—¡Dios mío! ¡Entonces es verdad que nada había existido! Va a quemarse la tierra prometida... Va a raerse su recuerdo del mundo...

ALFONSO.—El paraíso siempre acaba perdiéndose.

JIMENA.—¿Es que en Vivar no nació nunca un Cid? ¿Es que vais a tacharlo? ¿Por qué sufro yo entonces?

ALFONSO.—A todos nos tacharán un día... Todos seremos olvidados. O recordados mal, no como fuimos, lo que es peor aún. *(Comienza a entrar el resto de los personajes por distintos lugares, menos* MINAYA.*)*

470   JIMENA.—Serán olvidados nuestros rostros, nuestras voces, nuestra manera *(gira despidiéndose del Alcázar)* de decir adiós a las cosas que fueron nuestra vida... Pero, de alguna forma, esta pena deberá serle útil a alguien: si no, no habría derecho... Y yo creí que no era una heroína. Sí lo soy: ésta es mi pobre heroicidad: ser para siempre el despojo de un héroe para que el héroe lo pueda seguir siendo... Sin Jimena no hay Cid. Yo soy su prueba. No será necesaria tu guardia. Conservaré lo que demuestra que todo fue verdad: un cadáver podrido y estos anillos en mi mano derecha.

---

[196] Alfonso destruye la conquista del Cid. ¿De qué sirve entonces el sacrificio de Jimena?

MARÍA.—¡Por fin! *(Se lanza a besar la mano de su madre.)*

JERÓNIMO.—En la paz de Cardeña encontrarás tu paz, hija mía. Jimena, fuera de tanto ruido, de tanta excitación y de tanta conquista.

JIMENA.—En la paz de Cardeña lo único que haré será esperar que por fin venga Dios a explicarme el porqué de todo esto... Ahora sí que ha llamado a la puerta la Historia, rey Alfonso. Abre de par en par.

MARÍA.—Por fin, mamá.

475   JIMENA.—La Historia contará este hermoso cuadro que formamos: la viuda sollozante, el rey que reconoce el poder de un vasallo, el obispo que reparte bendiciones y da buenos consejos, la hija consternada que besa la mano de su madre. Todo está ya como debía estar... Cuando se hable de esto, quizá llenen España la paz y la sonrisa y los hombres nos recordarán con gratitud porque hicimos posible su dicha. Y las mujeres podrán enamorarse libremente y admirarán mi luto interminable... Pero yo os aseguro que, algún día remoto, alguien, que a su vez también será olvidado, contará mi dolor, esta pequeña historia mía. Contará que la noche en que Valencia fue devuelta a los moros, Jimena, junto al ataúd del Cid, no lloró por el muerto, lloraba por su muerte, la de ella[197]... Lloraba porque al despertar le habían quitado todo. Todo, menos dos alianzas en la mano derecha y

---

[197] La Historia oficial contará la apariencia. El autor contará la verdad, la «pequeña historia» de Jimena.

una cadena sobre su corazón[198]...

ALFONSO.— *(Ante el tono de incendio que va to-mando el fondo.)* Valencia empieza a arder. Ya es hora de ponerse en camino. *(Dejan salir primero a* JIMENA. *Tiene una vacilación. Las mujeres se le acercan para sostenerla. Se las sacude.)*

JIMENA.— ¡Sola! ¡Dejadme sola! ¡Lo que tengo que hacer de ahora en adelante lo puedo hacer yo sola! *(Van saliendo, todos, mientras cae el*

TELÓN.)

---

[198] El mito del Cid va a seguir existiendo en Jimena y en la His-toria. Los dos anillos serán la prueba visible, pero una invisible cadena aprisiona y contiene el corazón de Jimena.

Actividades

■ Control de lectura

1. ¿Cuál es el tema principal de la obra?

2. ¿Por qué está frustrada Jimena? ¿Cómo expresa esa frustración?

3. ¿Qué relación tiene el título con el contenido de la obra? Señala las alusiones en el texto y explícalas.

4. ¿Por qué María no comprende a su madre?

5. ¿Qué significa la palabra Historia a lo largo de toda la obra?

6. ¿Qué intención tiene Antonio Gala al introducir alusiones anacrónicas en el texto?

7. ¿Por qué Minaya no se rebela ante las órdenes del rey?

8. ¿Cómo describirías al Cid según lo que de él se dice en *Anillos para una dama*? Para ello debes tener en cuenta las palabras de Jimena, Jerónimo, Alfonso, Minaya, Constanza y María.

9. ¿Qué papel cumple aquí la religión en el personaje del obispo Jerónimo?

10. María dice que el Cid gana batallas aun después de muerto. ¿Qué batalla ha ganado en esta obra?

11. Alfonso VI se comporta como un monarca cínico. ¿En qué intervenciones lo notas?

12. ¿Por qué el habla de Jimena es coloquial? Cita algunos ejemplos.

13. ¿Por qué Jimena se resigna finalmente a ser la viuda del Cid?

155

14. ¿Desde cuándo ama Jimena a Minaya? ¿Y Minaya a Jimena?

15. ¿Qué significa matrimonio por «razón de estado»?

16. Comenta las acotaciones del texto: ¿crees que son necesarias para entender el significado de la obra?

17. ¿Cómo se señalan los cambios de acción y de lugar?

18. ¿Qué relación tiene la escenografía con el contenido de *Anillos para una dama*?

■ Propuesta de actividades

1. Actividades creativas a partir del texto

1.1. Elabora una narración de los hechos en dos o tres folios desde el punto de vista de María: para ello debes tener en cuenta la psicología de la hija del Cid, su lenguaje y su actitud.

1.2. Escribe un monólogo interior de Minaya en el momento en que espera a hablar con Jimena para despedirse definitivamente (de uno a dos folios).

1.3. Imagínate que Jimena y Minaya logran el permiso del rey para casarse. Inventa una escena teatral en la que ambos estén en el jardín de Molina después de veinte años. Deberás tener en cuenta el código del lenguaje teatral y habrás de crear acotaciones consecuentes con el texto (de cuatro a cinco folios).

1.4. Según los datos que tienes sobre la relación de Jimena con el Cid, inventa un diálogo teatral entre ambos, durante una de las visitas de D. Rodrigo a San Pedro de Cardeña (de tres a cuatro folios).

1.5. Elabora una tercera parte de *Anillos para una dama* en el monasterio de Cardeña.

1.6. Escribe un romance que trate de los amores de Minaya y doña Jimena.

2. Actividades de estudio y rastreo

2.1. Analiza y estudia el habla coloquial de Jimena y de Constanza. Recoge: giros idiomáticos, frases hechas y usos vulgares del lenguaje.

157

2.2. *Anillos para una dama* presenta algunos temas que ya conoces por otros textos que has leído: *carpe diem, ubi sunt?* Rastréalos y haz un estudio comparativo con otras obras literarias que conozcas y en las que aparezcan.

2.3. En el libro se dice que Minaya es un personaje de romances. Consigue un amplio repertorio del *Romancero* y busca poemas que hablen de Minaya Álvar Háñez, de Rodrigo Díaz de Vivar, del cerco de Zamora... ¿Qué diferentes tratamientos tienen los personajes en *Anillos para una dama* y en los romances? ¿Por qué?

2.4. Analiza el comportamiento de Minaya según el código del amor cortés.

2.5. En *Anillos para una dama* se alude a la Edad Media como a una época oscura (réplica 231). ¿Por qué se ha venido considerando así? Intenta ver la película *El nombre de la rosa*, basada en el libro homónimo de Umberto Eco, y analiza a partir de ahí el sentido del hermetismo y el oscurantismo medieval.

3. Actividades de expresión oral

3.1. Recitado en clase de los romances compuestos por todos los compañeros del grupo sobre Jimena y Minaya.

3.2. Lectura dramatizada de alguna de las escenas del libro.

3.3. Representación, por grupos, de escenas de *Anillos para una dama*. Habrá que tener cuidado con el vestuario, con las actitudes de los personajes, con la entonación. Recuerda que lo que se apunta en

158

las acotaciones tienes que expresarlo con tu voz y con tu gesto. Si es posible, grabarlo en vídeo.

3.4. Recitado y grabación de los monólogos de Minaya solo, ante la cámara de Jimena.

4. Monografías

4.1. El lenguaje coloquial en *Anillos para una dama*. Puedes seguir el siguiente esquema de trabajo.
1. Los diferentes usos del lenguaje.
2. El habla coloquial.
3. El habla coloquial en *Anillos*:
   3.1. Formas coloquiales.
   3.2. Funciones de los coloquialismos en nuestra obra.
4. Conclusiones.

4.2. El uso del anacronismo en *Anillos para una dama*. Sus funciones. Será interesante que te fijes, al menos, en los siguientes puntos:

1. Formas y expresiones lingüísticas propias del siglo XX.
2. Vestuario y puesta en escena.
3. Alusiones a temas y motivos anacrónicos: café, bonzo...
4. Evocaciones de asuntos propios de la España de los años 70: divorcio...

4.3. Documenta históricamente todos los personajes y los hechos que aparecen en *Anillos para una dama*. Analiza en qué medida Antonio Gala respeta o no la verdad histórica y por qué.

4.4. Realiza un estudio comparativo entre *Anillos para una dama* y una de las obras que forman la *Trilogía de la Libertad* de Antonio Gala: *Petra Regala-*

159

da, *La vieja señorita del Paraíso* o *El cementerio de los pájaros*.

Fíjate, sobre todo, en su relación con respecto a:

1. Tema.
2. Actitud de la protagonista, siempre una mujer, ante la vida.
3. Usos coloquiales del lenguaje.
4. Recursos literarios utilizados.

4.5. Lee *Antígona,* de Jean Anouilh, y estudia las influencias que esta obra ha podido tener en *Anillos para una dama* en cuanto a:

1. Tema.
2. Actitud de la protagonista ante el poder establecido. Analizar las similitudes, pero también las diferencias, que son muy importantes.
3. Anacronismos léxicos, situacionales y escenográficos.

5. Ensayos y debates

5.1. Basándote en las réplicas 121 y 123, ambas de Jimena, haz un ensayo sobre el tema de la cobardía y la valentía (de dos a tres folios).

5.2. Escribe una redacción de dos a cuatro folios sobre el papel de las esposas de hombres famosos: sus deseos, frustraciones, su vida detrás del héroe.

5.3. Escribe un ensayo sobre el feminismo y el Movimiento de Liberación de la Mujer (de dos a tres folios).

5.4. Redacta un ensayo sobre el tema de la libertad y los modos de opresión que ha ejercido la Historia sobre ella (de cuatro a cinco folios).

5.5. Hacer debates en clase sobre los siguientes temas. También puede optarse por el sistema de mesa redonda.

- La Historia frente al individuo.
- El miedo del héroe.
- El papel de la mujer a lo largo de la Historia.

6. Actividades interdisciplinares

6.1. Trazar en un mapa de España el itinerario de Minaya y Jimena desde el monasterio de San Pedro de Cardeña hasta Valencia.

6.2. Reflejar en un mapa de España la situación de la península Ibérica en los tiempos del Cid.

6.3. Sobre un plano de la ciudad de Valencia, intentar localizar los lugares aludidos.

6.4. Hacer un diseño de la vida en un castillo medieval.

6.5. Estudiar las diferencias climáticas, de vegetación, demográficas y culturales entre Castilla y Levante.

6.6. Analizar el papel de la Iglesia durante la Reconquista.

6.7. Sería interesante observar diapositivas o vídeos del arte de la época del Cid: pintura, escultura y arquitectura. Reflexionar sobre los edificios religiosos (pequeñas iglesias rurales, catedrales en centros de peregrinaje) y los militares (castillos diseñados para la defensa y para albergar caballeros).

6.8. Sería conveniente efectuar alguna audición de música medieval, especialmente de canciones trovadorescas, que canten el amor cortés que personaliza Minaya en *Anillos para una dama*.

161

■ Otros textos, otras sugerencias

1. *Cantar de Mio Cid* (siglo XII)

Relata hazañas del Cid desde el destierro hasta el perdón del rey y el logro de sus mayores glorias.

Afevos[1] doña Jimena con sus fijas do va llegando;
señas[2] dueñas[3] las traen e adúcenlas[4] en los brazos.
v.265 Ant[5] el Campeador doña Jimena fincó los hinojos [amos[6],
lloraba de los ojos, quisol[7] besar las manos:
—«¡Merced, Campeador, en hora buena fostes nado!»[8]

[Poema de Mio Cid, Cátedra. Madrid, 1985.]

● ¿Qué actitud tiene Jimena ante el Cid?

● Compara esta actitud con los comentarios entre Constanza y Jimena en *Anillos para una dama.*

2. Juan Ruiz, Arcipreste de Hita: *Libro del buen amor* (siglo XIV)

Esta obra muestra muchos aspectos interesantes de una época transitoria entre el teocentrismo medieval y el antropocentrismo renacentista.

---

[1] *afevos:* he aquí.
[2] *señas:* sendas.
[3] *dueñas:* damas.
[4] *adúcenlas:* las conducen, las llevan.
[5] *Ant:* ante.
[6] *fincó los hinojos amos:* se arrodilló.
[7] *quisol:* le quiso.
[8] *en hora buena fostes nado:* «en buena hora naciste»; es un apelativo muy frecuente en el *Cantar de Mio Cid.*

162

La ironía es característica del estilo de Juan Ruiz. El texto que presentamos habla de las *cualidades* de las mujeres pequeñas, pero acaba diciendo que, ya que la mujer es mala, siempre es mejor querer a una pequeña porque hay que «del mal tomar el menos». Esta tradición misógina medieval ve la mujer como puro objeto de deseo sexual impregnado de caracteres demoníacos.

De las cualidades que tienen las mujeres pequeñas

1606 Voy a abreviaros, señores, mi intención,
porque siempre gusté de pequeño sermón
y de mujer pequeña y de breve discurso,
pues lo poco y bien dicho queda en el corazón.

1607 Del que mucho habla, se ríen, quien mucho ríe es
[loco,
hay en la mujer chica amor grande y no poco.
Mujeres grandes di por chicas, las chicas por grandes
[no cambio
(y las chicas por las grandes no se arrepienten del
[cambio).

1608 De que hable bien de las chicas el Amor me hizo
[ruego,
que hable de sus noblezas, yo las voy a decir pronto;
os hablaré de las mujeres pequeñas y lo tomaréis a
[broma:
son frías como la nieve, pero arden como el fuego;

1609 son frías por fuera, pero con amor ardientes;
en la cama deleite, retozo, placenteras y rientes;
en casa cuerdas, garbosas, reposadas, hacendosas;
mucho más encontraréis si bien os fijáis en ello.

1610 En pequeño jacinto hay gran resplandor,
en muy poco azúcar hay mucho dulzor,
en la mujer pequeña hay muy gran amor;
pocas palabras bastan al buen entendedor.

163

1611   Es pequeño el grano de la buena pimienta,
pero más que la nuez reconforta y calienta;
igual la mujer pequeña, mientras todo amor consienta,
no hay placer del mundo que en ella no se sienta.

1612   Así como en pequeña rosa hay mucho color,
en muy poco oro gran precio y gran valor,
así como en poco bálsamo hay mucho buen olor,
también en mujer pequeña hay muy gran sabor;

1613   así como un rubí pequeño tiene mucha bondad,
color, valor y precio, nobleza y claridad,
también la mujer pequeña tiene mucha beldad,
hermosura, donaire, amor y lealtad.

1614   Pequeña es la calandria y pequeño el ruiseñor,
pero más dulce cantan que otra ave mayor;
la mujer que es pequeña por eso es mejor,
con galanteo es más dulce que azúcar o flor;

1615   son aves pequeñuelas papagayo y oropéndola,
pero cualquiera de ellas es dulce trinadora,
graciosa, hermosa, preciada cantadora;
bien igual es la mujer pequeña para el amor.

1616   Con la mujer pequeña no hay comparación,
es el paraíso terrenal y gran consuelo,
deleite y alegría, placer y bendición;
es mejor en la prueba que en la presentación.

1617   Siempre quise a mujer pequeña más que a grande
[o mayor,
no es desacierto del gran mal ser huidor;
del mal tomar el menos, lo dice el sabio;
por tanto de las mujeres la mejor es la menor.

[Juan Ruiz: *Libro del Buen Amor,* versión
modernizada, Bruguera, Barcelona, 1981.]

● ¿Crees que sería posible, en un texto escrito en la Edad Media, un personaje femenino con la fuerza y la rebeldía de Jimena en *Anillos para una dama*?

● La literatura medieval presenta dos actitudes contrapuestas con respecto a la mujer:

a) La dama del amor cortés es un ser superior al hombre, y su amor dignifica y perfecciona al enamorado.

b) A la mujer también se la relaciona con el demonio, amarla conlleva grandes males para el hombre.

Recuerda ejemplos literarios de ambos casos y analiza por qué existe esa doble consideración hacia la mujer en la Edad Media.

3. Leopoldo Alas «Clarín»: *La Regenta* (siglo XIX)

Es una de las obras maestras prosísticas de la literatura española. Plantea el tema del adulterio y el debate interno de una mujer, en cuya mente luchan, de una parte, el deseo y, de la otra, sus creencias religiosas.

Pasó Ana, sin querer leerlas, algunas hojas. En ellas había escrito la historia de los días que siguieron al de la procesión, famosa en los anales de Vetusta. Sí, *se había creído prostituida;* aquella publicidad devota le parecía una especie de sacrificio babilónico, algo como entregarse en el templo de Belo por la vigilia misteriosa. Además, sentía vergüenza; aquello había sido como lo de ser literata: una cosa ridícula, que acababa por parecérselo a ella misma. No osaba pisar la calle. En todos los transeúntes adivinaba burlas; cualquier murmuración iba con ella; en los corrillos se le antojaba que comentaban su locura: «Había sido ridícula, había hecho una tontería.» Esta idea fija la atormentaba. Si quería huir de ella, se la recordaba sin cesar el dolor de sus pies, que ardían, como abrasados de vergüenza; aquellos pies que habían sido del público, desnudos, una tarde entera.
Si quería consolarse con la religión y el amparo del magistral, su mal era mayor, porque sentía que la fe, la fe vigorosa, puramente ortodoxa, se derretía dentro de su alma. En cuanto a Santa Teresa, había concluido por no poder leerla;

165

prefería esto al tormento del análisis irreverente a que ella, Ana, se entregaba sin querer al verse cara a cara con las ideas y las frases de la santa. ¿Y el magistral? Aquella compasión intensa que la había arrojado otra vez a las plantas de aquel hombre ya no existía. Los triunfos habían desvanecido, acaso, a don Fermín. De todas suertes, Ana ya no le tenía lástima; le veía, triunfante, abusar tal vez de la victoria, humillar al enemigo... Ahora veía ella claro; por lo menos, no veía tan turbio como antes. *Ella había sido, tal vez, un instrumento en manos de su **hermano mayor**.* Cierto que De Pas no había vuelto a manifestar con movimientos patéticos que le descubrieran, ni celos, ni amor, ni cosa parecida.

[Leopoldo Alas «Clarín»: *La Regenta,* Akal, Madrid, 1985. Los subrayados son nuestros.]

● Ana Ozores, la protagonista, vive en una sociedad hipócrita, sumergida en el miedo constante al ridículo y al juicio implacable de los demás, especialmente el de su confesor, el magistral don Fermín De Pas, que está enamorado de ella. ¿Por qué se siente Ana utilizada y prostituida?

● Jimena también se siente de un modo parecido. ¿Qué rasgos comunes observas entre ambas mujeres?

4. Henrik Ibsen: *Casa de muñecas* (siglo XIX)

El estreno de esta obra teatral supuso un gran escándalo debido al tema y a su conclusión: una mujer casada abandona su hogar (marido e hija), cansada de ser una muñeca en manos del marido. Nora opta por ser ella misma y se marcha de casa.

TOR.—¿Qué es eso de «vine aquí a tu casa»? ¡Estamos casados!

NORA.—¿Tú crees? Yo, lo único que sé es que pasé de las manos de mi padre a las tuyas. En vez de acoplarme a las ideas de él, adopté automáticamente las tu-

166

yas, porque era eso lo que se esperaba de mí... Y no sé si te engañaba sólo a ti, o empezaba por engañarme a mí misma... He vivido al día, haciendo piruetas para caerte en gracia. ¡Ya lo creo que habéis sido injustos conmigo! Por vuestra culpa, no soy nada.

TOR.—Tú sí que estás siendo injusta. Y desgraciada. ¿Es que no has sido feliz aquí?

NORA.—Claro que no... A veces, creía serlo. Pero no lo he sido. Jamás.

TOR.—¿Qué no has sido feliz?

NORA.—Tú confundes ser feliz con estar alegre, y son cosas muy distintas. ¡Tú eras tan bueno conmigo! Pero esta casa no ha sido nunca más que un cuarto de jugar. Yo he sido tu juguete como antes fui el de mi padre... Eso es lo que ha sido nuestro matrimonio, Torvald.

....

TOR.—¿Serás capaz de faltar a tus deberes más sagrados?

NORA.—¿Mis deberes más sagrados? ¿Cuáles son, según tú?

TOR.—¿Hace falta decirlo? Tu marido, tus hijos...

NORA.—Te olvidas de un deber, igualmente sagrado.

TOR.—No puede haber otro.

NORA.—Mi deber para conmigo misma.

TOR.—Ante todo, eres esposa y madre.

NORA.—Ante todo, soy un ser humano. Y lo primero que tiene que hacer un ser humano es comprender el bien y el mal. Pero el fondo, no la forma, Torvald. Quiero empezar por conocerme a mí misma, y ser auténtica... Ya sé que casi todo el mundo te dará la razón a ti. Ya sé que más o menos, eso es lo que dicen los libros. Pero ahora ya no me parece bueno vivir como dicen los demás, o como dicen los libros. Quiero pensar por mi cuenta, encontrar un camino, y seguirlo.

TOR.—¿No comprendes que una cosa así va contra tus principios religiosos?

167

NORA.—¿Qué principios?

TOR.—Pero, criatura, ¿qué estás diciendo?

NORA.—¿Qué religión tengo yo, Torvald? Ni siquiera lo sé. Me enseñaron a seguir unos ritos, casi como me enseñaron a bailar. ¡Y ya ves qué mala alumna fui! Nadie me enseñó a pensar, nadie me dio a escoger, nadie me preguntó nunca si esos principios religiosos, como tú los llamas, me convencían o no. Cuando esté sola, tranquila, y pueda pensar, pensaré también en eso, no creas que no. Y entonces decidiré si creo o no creo en esos principios.

TOR.—¡Son la verdad!

NORA.—Yo no me preguntaré tanto. Sólo me preocuparé de averiguar si puede ser *mi* verdad. Al darme cuenta de que las leyes no son infalibles, he comprendido que no hay verdades absolutas. Lo que sí puedo decirte, es que mis ideas sobre lo que está bien y lo que está mal, son muy diferentes a las tuyas.

[Henrik Ibsen: *Casa de muñecas,* Ediciones MK, Madrid, 1983.]

- ¿Cuál es el deber moral más sagrado para Nora?
- ¿Crees que Jimena está en la misma línea de rebelión femenina que Nora? ¿Por qué?

5. Jean Anouilh: *Antígona* (siglo XX)

Basada en la tragedia griega de Sófocles, muestra puntos en común con *Anillos para una dama,* como ya hemos dicho más arriba. La frágil y joven Antígona antepone la fuerza de sus sentimientos a las razones políticas que le prohíben enterrar a su hermano Polinices.

CREONTE: Una mañana me desperté siendo el rey de Tebas. Y Dios sabe si lo que yo más quería en la vida era ser poderoso...

168

ANTÍGONA: Podíais haber dicho que no.

CREONTE: Podía haberlo hecho. Sólo que, de repente, me sentí como un obrero que rechaza un trabajo. Eso no me pareció honesto. Dije que sí.

ANTÍGONA: Bien, tanto peor para vos. ¡Yo, yo no he dicho «sí»! ¿Qué queréis que me importe a mí vuestra política, vuestra necesidad, vuestras pobres historias? Yo, yo todavía puedo decir «no» a todo lo que no me gusta y yo soy el único juez. Y vos, con vuestra corona, con vuestros soldados, con vuestra pompa, vos podéis solamente hacerme morir porque vos habéis dicho «sí».

[Jean Anouilh: *Antigone,* La Table Ronde, París, 1988. La traducción es nuestra.]

- ¿Qué piensa Antígona de las razones que da Creonte para explicar su proceder?
- Analiza las connotaciones que en el texto tienen los adverbios *sí* y *no.*

6. Antonio Gala: *La vieja señorita del Paraíso*

Esta obra teatral presenta a una mujer, casi anciana, que lleva años y años esperando a su único amor: un hombre con el que tan sólo intercambió unas palabras. Su existencia gira en torno a su vida interior, para ella más verdadera y más válida que la realidad exterior, materialista, mezquina y cruel.

ADELAIDA.—Bendito sea Dios. Habrá que defender lo que tenemos. Lo contrario del amor no es la muerte —no, Micaela, no— sino la guerra. Lo que la guerra significa de ignorancia y desprecio por los otros y el amor de los otros; lo que la guerra significa de egoísmo y soberbia de los que se creen superiores. Dicen de mí que soy como una sufragista. Bueno, pues lo seré. Vamos a formar entre nosotros un ejército de salvación, porque la guerra del amor es la guerra de to-

169

dos. En la Isleta, en medio de las aguas del río, que hace como una cuna para guardarla allí; en la Isleta, donde todos los amantes de este pueblo se han besado y han ido de la mano tropezando con la yerba menuda; en la Isleta, donde las muchachas, por San Juan, se han quedado preñadas, y de donde han salido para casarse por la Virgen de Agosto; en la Isleta quieren poner una fábrica de armas.

- ¿Qué es el amor para Adelaida?
- ¿Qué paralelismo existe entre Jimena y Adelaida con respecto a su opinión sobre la guerra?

ADELAIDA.—Yo no tengo nada que ver con sus abominables bricolages. Yo no tengo nada que ver con su mundo.

STONE.—¡Cretina!, usted ha sido utilizada toda su vida, usada como una zapatilla que se gasta y se tira. ¿Qué se había creído? La han utilizado para distraer a la gente. Yo he organizado «for faits» en que sus estúpidas arengas sobre el amor estaban incluidas, con el viaje, el hotel y un cubalibre. Usted ha formado parte de los traspasos del Paraíso, como esta silla y como esta cortina; a usted se la ha empleado para reanimar la economía de la ciudad; usted ha sido comprada y vendida como un objeto turístico más, igual que un «souvenir». ¡Desgraciàda! «Yo no formo parte de su mundo», dice. ¿De qué mundo forma usted parte, hazmerreír de vía estrecha? Qué ciega ha estado usted.

ADELAIDA.—No, no. Quizá de esa enumeración que ha hecho, sepa yo más que nadie. Nunca me he tenido por tonta.

[Antonio Gala: *La vieja señorita del Paraíso*. Ediciones MK, Madrid, 1981.]

- ¿En qué sentido ha sido utilizada Adelaida?
- ¿Qué diferentes maneras de alejarse del mundo tienen Jimena y Adelaida?

170

7. Otras actividades

7.1. *Anillos para una dama* es una de las obras teatrales más conocidas de Antonio Gala. Sería muy interesante la lectura de su *Trilogía de la libertad,* compuesta por tres obras dramáticas, cuyas protagonistas femeninas tienen un gran atractivo psicológico. Sus títulos son: *Petra Regalada, La vieja señorita del Paraíso* y *El cementerio de los pájaros.*

7.2. Antonio Gala ha publicado una novela, *El manuscrito carmesí,* basada en la figura del último rey moro de Granada, Boabdil. El tema medieval conecta con la ambientación histórica de *Anillos para una dama.*

7.3. Puede leerse *Casa de muñecas,* de Ibsen, como obra básica en el tratamiento de la mujer como ser independiente.

7.4. Para conocer el espíritu de la Edad Media, sería recomendable la visión de las películas *El nombre de la rosa* e *Ivanhoe,* basadas en las novelas homónimas de Umberto Eco y Walter Scott, respectivamente.

7.5. La estética del románico y del gótico (estilos artísticos medievales) puede observarse, directamente o mediante medios audiovisuales, en el Museo de Arte Románico de Barcelona, en la Catedral de León, en las iglesias del Camino de Santiago...

7.6. La fusión de la cultura musulmana y la cristiana en la España medieval puede contemplarse en el arte mudéjar de la Catedral de Teruel y en las Torres de San Martín y del Salvador, en la misma ciudad.

■ Comentario de textos

1. Nuestro comentario

JIMENA.—¿Estáis viendo? Cuando decíais Dios o cuando decíais patria es que vais a pedir algo terrible. Vais
a pedir la vida... Y sin la vida no hay ni Dios ni patria...
Si ese Dios y esa patria no nos hacen felices, ¿de qué
nos sirven? Con qué poca grandeza soléis usar esas
grandes palabras... Las gastáis solamente en calderilla. Dios es para vosotros un contable que paga, parsimoniosamente, a denario por barba. Y la patria, esa
boca oscura que devora los hijos a ritmo de charanga. ¡No! ¡No! ¡No quiero jugar más! ¡También ahora
yo tengo mi gran palabra: amor! ¡Amo a Minaya! ¡Oídlo, amo a Minaya! No tengo yo más patria que Minaya. Amo a Minaya. Tan sólo con decirlo soy tan feliz
que, para que calle, tendríais que arrancarme la lengua. Y aun así, aun así, lo seguiría gritando con los
ojos... ¡Amo a Minaya! ¿Oís? ¡Amo a Minaya! (EL REY,
contenido hasta ahora a duras penas, cuando JIMENA
*va a la ventana, se abalanza sobre ella y le tapa la boca
con la mano duramente.* JIMENA *forcejea, luego queda
inmóvil, agotada). (Réplica 390).*

1

5

10

15

20

a) Cuestiones en torno al texto

1. ¿Cuál es el significado de las palabras *Dios* y *patria*
en el texto?

2. ¿Por qué para Jimena no son válidas esas «grandes palabras»? ¿Cómo las define?

3. ¿Qué elementos propios del lenguaje oral aparecen en el fragmento?

4. Observarás que hay muchas oraciones exclamativas. ¿Por qué?

5. Frente a *Dios* y *patria*, Jimena contrapone la palabra *amor*. ¿Por qué? ¿Qué relación tiene este contraste con el contenido general de *Anillos para una dama*?

6. También aparecen otros contrastes. Encuéntralos y explícalos.

7. El texto que tienes ante ti se divide en un monólogo de Jimena y en una acotación del autor. Señala ambas partes.

8. El monólogo podríamos dividirlo en dos partes unidas por los adverbios de negación: «¡No! ¡No!» ¿Por qué?

9. Relaciona el significado de la última frase de la acotación con las últimas escenas de la obra.

10. ¿Qué relación tiene la acotación con el contenido del texto?

11. ¿Qué recursos expresivos utiliza el autor en este fragmento?

b) Notas previas

Tema: El contraste entre los valores tradicionales, que representan las palabras *Dios* y *patria*, y la libertad individual, que se concentra en la palabra *amor*.

Estructura: *Primera parte:* monólogo de Jimena, que se subdivide en:

a) Líneas 1 a 10: crítica al mal uso que la Historia ha hecho de las grandes palabras.

b) Líneas 10 a 16: Jimena propone su gran palabra, que contrasta con las anteriores.

173

Segunda parte: acotación.

RECURSOS EXPRESIVOS:

— Apelación a los interlocutores: «¿Estás viendo?» (línea 1) «¿Oís?» (línea 16).
— Paralelismos: «Cuando decíais Dios o cuando decíais patria» (línea 1), «ese Dios y esa patria» (línea 4), etc.
— Concatenación: «Vais a pedir la vida... Y sin vida no hay ni Dios ni patria...» (l. 2 y 3).
— Aliteraciones: «no hay ni Dios ni patria» (l. 3).
— Interrogaciones retóricas: «¿de qué nos sirven?» (l. 4).
— Antítesis: «Con qué poca grandeza soléis usar esas grandes palabras» (l. 5 y 6).

Entre *Dios* y *patria,* y *amor.*

— Epítetos: «grandes palabras» (l. 6), «gran palabra» (l. 11).
— Metonimia: «a denario por barba» (l. 8).
— Exclamaciones: «¡No! ¡No! ¡No quiero jugar más!» (l. 10), etc.
— Metáforas: «patria, esa boca oscura que devora» (l. 9).
— Sinestesia: «lo seguiré gritando con los ojos» (l. 15).
— Campos semánticos: relacionados con Dios y la patria por un lado, y por otro con el sentimiento y lo individual.
— Repeticiones: «¡Amo a Minaya! ¡Amo a Minaya!» (líneas 11, 12, 13, 16).
— Alusión mitológica: «boca oscura que devora los hijos» (l. 9).

174

CARACTERIZACIÓN DE LOS PERSONAJES:

Jimena expresa con firmeza su deseo de amor, de ser ella misma a pesar de tener que enfrentarse con el orden establecido, con la hipocresía de unos valores que no le sirven para ser feliz.

Aparece aludido otro personaje, Minaya, que es el objeto de su amor.

En la acotación figura el rey, quien reprime la rebeldía de Jimena.

El monólogo está dirigido a una segunda persona del plural («¿Estáis viendo?», «¿Oís?»). Por el contexto anterior, sabemos que los dos últimos interlocutores de Jimena han sido Alfonso VI y el obispo Jerónimo, máximos representantes de esos valores cuya mala interpretación ataca Jimena.

c) Redacción de comentario

SITUACIÓN DEL TEXTO

El fragmento que vamos a comentar es un texto teatral que aúna el lenguaje verbal con el lenguaje gestual. Siempre que estudiemos una obra dramática hay que tener en cuenta ambos factores, que están siempre interrelacionados, incluso en un autor como Antonio Gala, cuyo teatro pone la palabra por encima de otros lenguajes.

Este fragmento pertenece a *Anillos para una dama*, obra de Antonio Gala, estrenada en 1973, época en la que España se debatía en la incógnita de qué iba a suceder cuando muriera el ya anciano dictador Francisco Franco. Con este telón de fondo, Antonio Gala analiza algunos aspectos de la historia de España y de la intrahistoria que siempre rodea a los grandes héroes. Jimena,

175

la viuda del Cid, va a ser quien simbolice esa tensión entre persona histórica y persona individual. Esta tensión contrapuesta se simboliza en el texto en los términos «Dios» y «patria», por una parte, y «amor», por otra. Dios y patria, o Dios y ejército, que son, según Gala ha dicho en otros escritos, las dos espadas que han dominado a España a lo largo de su historia.

TEMA Y ESTRUCTURA

El tema primordial que refleja este fragmento es el tema que impregna toda la obra: el tenso contraste entre la libertad individual y la Historia. Jimena, viuda de Rodrigo Díaz de Vivar, quiere rehacer su vida con Minaya; pero la Historia, personalizada en Alfonso y simbolizada en esas dos «grandes palabras», no la deja. Jimena antepone la vida a los valores tradicionales, ya que éstos no podrían existir si no hay vida:

Y sin la vida no hay ni Dios ni patria (línea 3).

De igual modo, contrasta las grandes palabras, que a ella le son ajenas porque no sirven para conseguir la felicidad, con su gran palabra:

—«esas grandes palabras» (l. 6).
—«mi gran palabra» (l. 11).

Los adjetivos «esas» y «mi» no están puestos ahí accidentalmente, sino que hay una voluntad por parte de Jimena de reflejar la indiferencia que le producen las grandes palabras, al usar el demostrativo «esas», que confiere un carácter muy indefinido y distante por su parte. En cambio, al referirse a su opción, al amor, lo hace mediante el adjetivo posesivo «mi».

176 Los dos mundos que refleja el fragmento se corres-

ponden con las dos partes en que podemos dividir la porción verbal del texto (se trata de la primera parte, de la acotación hablaremos más adelante):

- Primera parte (líneas 1 a 10): Jimena teoriza sobre el uso que la Historia ha hecho de las grandes palabras y sus conceptos (Dios y patria), y muestra su punto de vista al respecto. Para ello se sirve de:

  1. Una parte meramente conceptual en la que entabla una especie de silogismo que rebate, siempre personificando en sus interlocutores, lo que de positivo podían tener los valores tradicionales (líneas 1 a 7).

  2. Tras esta teorización sobre la vida, Jimena expone su opinión sobre lo que Dios y patria han sido para la humanidad:
     — Dios es un «contable que paga (...) a denario por barba» (líneas 7 y 8). Esta comparación en términos económicos supone una degradación a la idea de un Dios espiritual, y deja en entredicho la versión oficial de la Reconquista.
     — La patria es «esa boca oscura que devora los hijos a ritmo de charanga» (línea 9). Jimena mezcla ahora un elemento mitológico referente al dios Saturno, que devoraba a sus hijos para que ninguno lo suplantara, con una voz que connota bullicio y alegría y que supone un anacronismo: charanga[1]. Lo que quiere decir Jimena es que la patria devora a sus hijos con rapidez y sin reparar en el drama que conlleva.

---

[1] El Diccionario etimológico de Corominas constata por primera vez esta palabra en 1836.

Jimena deja muy claro que no quiere jugar a este juego con la Historia («¡No! ¡No! ¡No quiero jugar más!», línea 10) y a continuación expresa su deseo.

- Segunda parte (líneas 10 a 16): Jimena expone su «gran palabra», que contrasta con las grandes palabras de la Historia:

  ¡También ahora yo tengo mi gran palabra: amor! (l. 11).

En la primera parte, no ha aparecido la primera persona en ningún momento. El texto era más impersonal que ahora. Esta segunda parte introduce el *yo* de Jimena en los pronombres personales («yo», «me»...) y en las personas verbales («amo», «tengo», «soy», «seguiría»).

Estos sentimientos que afloran se refuerzan aún más con la abundancia de oraciones exclamativas («¡Amo a Minaya!», l. 11), así como con las repeticiones («Y aun así, aun así», l. 15; «¡Amo a Minaya! ¿Oís? ¡Amo a Minaya!», l. 16).

- Acotación (líneas 16 a 20): Podríamos considerarla como una tercera parte, pero hemos preferido comentarla separadamente, ya que no se incluye en el monólogo de Jimena, y además corresponde a un lenguaje diferente: el lenguaje gestual, que unido al verbal forman el lenguaje dramático.

Aquí el gesto subraya el contraste que ha quedado manifestado en la intervención de Jimena: el rey, que simboliza esos poderes de que antes hablábamos, se abalanza sobre Jimena y la hace callar a la fuerza («le tapa la boca con la mano duramente», l. 18 y 19). El poder obliga a callar a las voces rebeldes. La última frase de la acotación es un símbolo premonitorio de lo que va a ocurrir al final de la obra: Jimena ha querido rebelarse, ha querido ser ella misma («forcejea», l. 19), pero al final debe conformarse con el destino que le ha asignado la Historia («inmóvil, agotada», l. 20).

El lenguaje gestual no ha hecho sino corroborar sin palabras el significado del texto comentado, que es el tema subyacente en *Anillos para una dama*.

OTROS RECURSOS EXPRESIVOS

El contenido del fragmento viene reforzado por algunos rasgos lingüísticos que convendría destacar muy especialmente:

La llamada de atención a sus interlocutores para que se den cuenta de que están equivocados viene dada por unas interrogaciones que apelan a los sentidos: «¿Estáis viendo?» (l. 1), «¿Oís?» (l. 16). También intenta llamar la atención mediante oraciones exclamativas que cumplen diferentes funciones:

— Son frases muy breves que dan un ritmo ágil y enérgico al texto.

— Jimena quiere dejar muy claro su sentimiento. De ahí el tono exclamativo, que supone una ascensión de la entonación y mayor energía articuladora.

— La exclamación es una forma de expresar los sentimientos íntimos del personaje, y eso es precisamente lo que hace Jimena en toda la segunda parte.

El tono más reflexivo de la primera parte obliga a emitir oraciones más largas, en las que predomina la subordinación y también las interrogaciones retóricas («¿de qué nos sirven?», l. 4 y 5).

El tema del fragmento, como ya hemos comentado sobradamente, es la antítesis entre Dios y patria, valo-

179

res que Jimena rechaza, y amor, único elemento válido en la vida. Los adjetivos con valor de epítetos sólo aparecen precisamente acompañando a estos elementos antitéticos en el código de Jimena: «*grandes* palabras», refiriéndose a Dios y patria (línea 6), y «*gran* palabra», aludiendo a amor (línea 11). La antítesis del tema se refuerza con la paradoja irónica de «Con qué poca grandeza soléis usar esas grandes palabras» (l. 5 y 6). Este contraste queda recalcado además por los campos semánticos que aparecen en el fragmento:

— Campo semántico de vocablos relativos a los valores tradicionales, y que están connotados negativamente en el texto: «Dios», «patria», «terrible», «pedir vida», «calderilla», «contable», «denario», «boca oscura que devora», «tapar la boca». Todos, salvo el último ejemplo, pertenecen a la primera parte.

— Campo semántico de voces referentes al sentimiento de Jimena y que se dan cita en la segunda parte del fragmento: «amor», «amo», «feliz».

Ambos campos de significado se unifican en una frase que recoge simbólicamente el contenido de la réplica que comentamos: «No tengo yo más patria que Minaya» (línea 12), en la que para Jimena patria se equipara a Minaya: su única verdad radica en el amor, la gran palabra de Jimena.

Especial connotación expresiva tienen los paralelismos sintácticos que intensifican y apoyan la contundencia de las palabras de Jimena: «Cuando decíais Dios o cuando decíais patria» (l. 1), «ni Dios ni patria» (l. 3), «si ese Dios y esa patria» (l. 4).

En la misma línea enérgica habría que destacar las repeticiones verbales, como ya hemos señalado, y las anafóricas («Cuando... cuando», l. 1, etc.).

En la primera parte, Jimena argumenta una especie de silogismo que presenta estructura de concatenación: se va eliminando un elemento y se introduce uno nuevo hasta llegar a la conclusión deseada: «... vais a pedir algo terrible. Vais a pedir la vida... Y sin la vida no hay ni Dios ni patria... Si ese Dios y esa patria no nos hacen felices, ¿de qué nos sirven?» (líneas 2 a 5).

El lenguaje de Jimena alterna entre el tono solemne y retórico de los ejemplos anteriores, y el uso de voces cotidianas y a veces vulgares. Cuando Jimena analiza el empleo negativo que la Historia ha hecho de los conceptos Dios y patria, lo compara a elementos relacionados con lo económico o con lo festivo, lo que produce una desmitificación. Desmitificación que no viene hecha desde Jimena, sino desde la propia Historia: «Dios es para vosotros un contable que paga, parsimoniosamente, a denario por barba» (líneas 7 y 8). Esta comparación degradante va seguida de una frase que contiene dos elementos cultos: la metáfora que relaciona patria con «boca oscura» (l. 9) y la alusión mitológica que se esconde bajo la «boca oscura que devora los hijos» (líneas 8 y 9). A continuación, y en la misma frase, «a ritmo de charanga» (l. 9), que es uno de los anacronismos que introduce Antonio Gala para dar universalidad al tema de su obra. La Historia con mayúsculas sirve como marco para una historia con minúsculas que puede ocurrir en cualquier tiempo y en cualquier lugar.

El habla de Jimena, como hemos explicado en el punto anterior, une lo coloquial con lo poético: utiliza una metonimia de corte absolutamente popular en «a denario por barba» (l. 8); más adelante empleará la metáfora comentada anteriormente; luego será una sinestesia la que realce su afán de expresar, bien mediante la palabra, bien mediante el gesto, su amor por Minaya:

para que me calle, tendríais que arrancarme la lengua. Y aun así, aun así, lo seguiría *gritando con los ojos*. (líneas 14 a 16).

El lenguaje del gesto se une al lenguaje verbal, no sólo en este ejemplo, sino también en la acotación: con ella el autor quiere dejar claras dos cosas:

— La actitud del rey, que representa los valores tradicionales, que son Dios y la patria, que coartan la libertad.

— La actitud de Jimena, que se rebela ante esas piedras inamovibles de la tradición, y que quiere cantar su individualidad mediante su amor por Minaya.

El rey tapará la boca a Jimena para que se calle; ésta luchará al principio, como lucha durante casi toda la obra, pero sucumbirá al final, cansada y resignada a ser la viuda del héroe. Renunciará a su sueño, a su ideal, a su historia, para que la Historia permanezca.

CONCLUSIÓN

Este fragmento de *Anillos para una dama* contiene el tema básico de la obra: la dicotomía entre los poderes establecidos por la fuerza de la tradición, representados en Dios, patria y el rey Alfonso, y el deseo de libertad individual, personificado en Jimena. Para ello, Antonio Gala se ha servido de una serie de recursos expresivos y de una estructura que remarcan continuamente el significado del texto. Y esto es así tanto con respecto al lenguaje verbal como al lenguaje gestual, sistemas ambos de comunicación que se dan cita en el teatro.

Actividades

2. Otras propuestas para el comentario

2.1. Coméntese la réplica 109

— ¿Qué rasgos de oralidad aparecen en este fragmento?

— ¿Cómo se señalan?

— ¿Qué expresiones coloquiales se dan?

— ¿Por qué el habla de Jimena abunda en expresiones coloquiales?

— ¿Qué alusiones anacrónicas se ponen en boca de Jimena?

— ¿Qué función tienen los anacronismos en este texto y en toda la obra?

— Se nombra a un personaje histórico. ¿Quién era? Documéntate sobre él.

— Analiza la frase «Ya estoy harta de moros y cristianos» en relación con el contenido total de la obra.

2.2. Coméntese la réplica 117

— ¿Qué estructura presenta este fragmento?

— Analiza y comenta exhaustivamente la alegoría que Jimena establece a partir de la primera frase: «Sé roer mi hueso».

— Estudia la relación entre Jimena y María a partir de estas palabras de Jimena y del resto del libro.

— Reflexiona sobre la importancia de la primera persona, del *yo* de Jimena, en todo el fragmento.

183

— Analiza la entonación y los recursos de oralidad del fragmento. Intenta crear una narración en tercera persona en la que un narrador omnisciente recree este monólogo de Jimena. De esta manera observarás la diferencia entre los recursos del lenguaje oral y los del lenguaje escrito. Te encontrarás con dificultades.

— Además de la alegoría indicada, ¿qué otros recursos literarios se dan cita en el texto?

— Estudia los diferentes tiempos verbales y relaciónalos con el contenido.

2.3. Coméntese la réplica 388

— Este texto tiene muchas interrogaciones retóricas. ¿Por qué?

— ¿Cómo refleja el fragmento el tema principal de la obra?

— ¿A qué grandes palabras se está refiriendo Jimena?

— El contraste entre Historia y libertad individual lo manifiestan Jimena y su interlocutor, el rey Alfonso. Analiza la función de los pronombres personales en esta antítesis.

— ¿Qué otro contraste importante aparece?

— El texto alude a una serie de hechos históricos. Documéntate en libros sobre estos episodios de la historia de España.

— A partir de este texto y de tus propias opiniones, crea un ensayo sobre el siguiente tema: la ética de la guerra y del valor frente a la ética de los valores espirituales.

— ¿Qué construcciones paralelas aparecen?

— Este fragmento presenta varias aliteraciones. ¿Qué función crees que tienen?

— ¿Cuál es el tono que emplea Jimena hacia Alfonso? ¿Es así en toda la obra?

■ Índice analítico

A continuación ofrecemos una serie de pasajes que ofrecen especial interés para el estudio de diferentes aspectos. Hemos hecho una selección de réplicas que dan pie para abordar algunos elementos y temas de lengua, literatura, historia, geografía, urbanismo, religión y ética.

1. Lengua

Fonética: réplica 29.
Entonación y rasgos suprasegmentales: réplicas 109, 117, 388.
Sustantivos abstractos: réplica 91.
Adjetivación: réplicas 390, 450.
Variedad de tiempos y modos verbales: réplicas 65, 444.
Diferentes valores de los diminutivos: réplicas 311, 342, 353, 411, 421.
Oración nominal: réplica 89.
Oración simple: réplica 225.
Oración compuesta: réplicas 377, 462, 470, 475.
Voces extranjeras: réplicas 82, 227, 248, 411.
Refranes: réplicas 44, 315, 415.
Vocativos: réplicas 84, 415.
Vulgarismos: réplica 382.
Uso coloquial del lenguaje: réplicas 109, 342, 411.
Uso culto y retórico del lenguaje: réplicas 1, 3, 8.
Lenguaje no verbal: acotaciones.

2. Literatura

Aliteraciones: réplica 388. .
Paralelismos: réplicas 162, 390.
Anáforas: réplica 248.
Asíndeton: réplicas 8, 116.

186

Adjetivos con función de epítetos: réplica 390.

Valor estilístico de los diminutivos: réplicas 311, 342, 353, 411, 421.

Antítesis: réplicas 389, 390.

Metáforas: réplica 348.

Eufemismos: réplica 411.

Alegorías: réplica 117.

Símbolos: réplicas 17, 23, 99.

Esquemas métricos: réplicas 30, 157, 322.

Paráfrasis de frases literarias: réplica 457.

Alusiones y uso de frases procedentes de diversas fuentes: réplicas 13, 105, 209, 220.

Tema del *carpe diem:* réplicas 65, 423.

Tema del *ubi sunt?:* réplica 162.

Personajes que en algún momento actúan como tipos de tradición literaria: réplicas 24, 232.

Recursos propios del lenguaje teatral: estilo directo (toda la obra), acotaciones (toda la obra).

3. Historia y sociología

Los almorávides en España: réplica 108.

Abandono de Valencia a manos de los almorávides: réplicas 458, 465.

La situación de la península Ibérica durante la época del Cid: réplica 380.

El condado de Cataluña: réplicas 10, 86.

Los reinos de taifa: réplicas 246.

El cerco de Zamora: réplica 380.

El Cid Campeador: réplicas 220, 248, 460.

Relaciones entre cristianos y musulmanes durante la Reconquista: réplica 141.

Sistema feudal. Relaciones de vasallaje: réplica 219, 220.

Amor cortés: réplica 165.

Matrimonio a edad temprana en las mujeres: réplica 29.

Matrimonios por razón de Estado: réplicas 73, 348.
Órdenes militares: réplica 209.

4. Geografía y urbanismo

Geografía castellana: réplicas 139, 140.
Clima de Castilla: réplica 388.
Clima de Levante: réplica 22.
Vegetación de Levante: réplicas 1, 2.
Localizaciones urbanas de la ciudad de Valencia: réplicas 190, 192 y primera acotación de la segunda parte.

5. Religión y ética

La Iglesia en la Reconquista española: réplica 209.
Valoración ética de los conceptos Dios y patria: réplica 390.
Valoración ética de los conceptos de cobardía y valentía: réplica 123.
Ética política: réplicas 377, 385, 395.

Actividades

Colección

anaquel

Títulos publicados

1. Ana María Matute: *El árbol de oro y otros relatos*, edición de Julián Moreiro.

2. Miguel de Unamuno: *Niebla*, edición de Milagros Rodríguez Cáceres.

3. Antonio Gala: *Anillos para una dama*, edición de Ana Alcolea.

4. Federico García Lorca: *Antología poética*, edición de Pedro Provencio.

5. Lope de Vega: *Fuenteovejuna*, edición de Felipe B. Pedraza Jiménez.

6. Gustavo Adolfo Bécquer: *Leyendas*, edición de Jesús M.ª García García.

7. Miguel de Cervantes: *Novelas ejemplares. Rinconete y Cortadillo. El licenciado Vidriera. El celoso extremeño*, edición de Eugenio Alonso Martín.

8. Alejandro Casona: *Retablo jovial*, edición de Juan Luis Suárez Granda.

9. Gonzalo Fernández de Oviedo: *Historia general y natural de las Indias*, edición de Luigi Giuliani.

10. *España en el pensamiento ilustrado (Antología)*, edición de José Segovia.

39. Ramón Gómez de la Serna: *Antología,* edición de Agustín Muñoz-Alonso.

40. *Cuentos españoles contemporáneos (1975-1992),* edición de Luis G. Martín.

41. Juan Ramón Jiménez: *Entes y sombras de mi infancia,* edición de Arturo del Villar.

42. Garcilaso de la Vega: *Poesía castellana completa,* edición de José Luis Pérez López.

43. Pedro Calderón de la Barca: *La vida es sueño,* edición de Francisco Javier González Rovira.

44. Gustavo Adolfo Bécquer: *Rimas,* edición de Jesús M.ª Barrajón Muñoz.

45. Federico García Lorca: *La casa de Bernarda Alba,* edición de Agustín Muñoz-Alonso.

46. Benito Pérez Galdós: *El 19 de marzo y el 2 de mayo,* edición de Jesús Arribas. ·

47. Miguel de Cervantes: *Don Quijote de la Mancha (Antología),* edición de Rafael González Cañal.

48. Azorín: *Castilla,* edición de José Luis Molina.